DE LA

PROPRIÉTÉ DES MINES

DE

LA PROPRIÉTÉ DES MINES

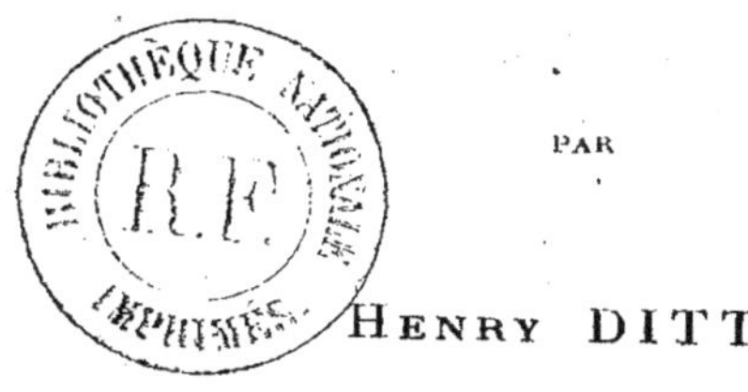

PAR

Henry DITTE

AVOCAT A LA COUR D'APPEL DE PARIS

DOCTEUR EN DROIT

PARIS

F. PICHON, IMPRIMEUR-LIBRAIRE,

14, RUE CUJAS ET 7, RUE VICTOR-COUSIN

—

1875

DE LA PROPRIÉTÉ DES MINES

INTRODUCTION

Quel est, en raison, le fondement du droit de propriété, et, par suite, à qui doit être attribuée, en raison, la propriété de la mine — A qui doit être attribuée cette propriété au point de vue de l'intérêt social.

SECTION PREMIÈRE

QUEL EST, EN RAISON, LE FONDEMENT DU DROIT DE PROPRIÉTÉ

C'est maintenant un axiôme, et on a depuis longtemps cessé de démontrer, que le fondement du droit de propriété, c'est le travail.

L'homme, arrivant sur la terre, s'est trouvé seul et nu, en face de la nature inculte, *nudus in nudâ humo*; mais s'il était ainsi dépourvu de tout, il

naissait actif et intelligent, et les bras et les mains
dont il était doué, lui donnaient la faculté d'appropriation.

Le premier objet auquel il l'ait appliquée, le premier objet qu'il se soit approprié, a été le fruit ou
l'animal, qu'il a saisi pour en faire sa nourriture.
C'était déjà une propriété, ce n'était pas encore un
capital, puisque cette nourriture était consommée
aussitôt que trouvée. Le jour où un homme s'est
avisé, qu'en amassant la veille la nourriture du
lendemain, il pourrait employer le lendemain à sa
guise, ce jour là, le capital, qui n'est rien autre
chose que du travail accumulé, a fait son entrée
dans le monde.

Cet homme prévoyant fut le premier capitaliste,
et la journée, qu'il s'était ainsi faite libre et qu'il
avait le droit de passer à se reposer, il a pu légitimement, continuant à user de la même prévoyance,
l'employer à se faciliter pour l'avenir la recherche
de sa nourriture, c'est ce qu'il a fait, s'il s'est fabriqué un instrument de travail, par exemple, un arc
et des flèches.

L'instrument de travail, telle fut donc la deuxième forme du capital dans le monde.

En allant au fond des choses, on pourrait même
dire que ce fut la première, et que c'est la seule, car,
en réalité, la nourriture accumulée, qu'est-ce autre
chose qu'un instrument de travail, puisqu'elle per-
met à l'homme de se livrer à un travail autre que

la recherche de la nourriture dont il a immédiatement besoin ?

La terre est un instrument de travail, aussi bien que l'arc et les flèches que je viens de prendre pour exemple : c'est même un instrument beaucoup plus parfait, l'instrument par excellence, car il travaille tout seul quand l'homme l'a façonné pour cela. Seulement il faut plus de temps pour amener la terre à ce degré de perfection, qu'il n'en faut pour faire de quelques branches d'arbre un arc et des flèches. Celui donc qui le premier, grâce aux provisions de nourriture qu'il avait mises en réserve, a pu trouver le temps de travailler et façonner la terre pour en faire l'instrument de travail que j'ai dit, celui-là est devenu propriétaire de ce qu'il a créé, aussi légitimement qu'il fut devenu propriétaire des fruits et des animaux qu'il eût saisis pour sa nourriture pendant le temps qu'il a employé à se faire son instrument de travail.

Cette terre, ce champ, cet instrument de travail, enfin, créé par lui et par son activité, et qui est ainsi devenu sa chose, il a pu l'employer à son profit personnel; alors, il a perçu les fruits qu'il en a tirés ; rien de plus légitime !

Ou il a pu le prêter à un autre homme, et alors il a été souverainement juste que cet autre homme, qui profitait ainsi du travail d'autrui, indemnisât le créateur de la privation que celui-ci s'imposait en ne se servant pas lui-même de la chose qu'il avait créée. Cette indemnité, on l'a appelée le loyer. Le loyer est donc, lui aussi, éminemment légitime.

Enfin, cette chose créée par lui et ainsi devenue sienne, l'homme qui l'avait créée, a pu s'en dessaisir et la donner à un autre homme en échange d'un instrument de travail créé par cet autre homme, il n'y a eu là encore qu'une opération parfaitement légitime, et celui qui s'est ainsi procuré par voie d'échange l'instrument de travail créé par un autre homme, en est devenu propriétaire, aussi légitimement qu'il était propriétaire de l'instrument de travail qu'il a donné en échange après l'avoir fabriqué.

(En fait, chez nous, l'un des termes de cet échange se trouve être le plus souvent le numéraire qui est devenu l'instrument de travail type dans notre société moderne, parce qu'il y sert à procurer tous les autres. L'échange alors s'appelle une vente, mais, de quelque nom qu'on l'appelle, cette opération n'en garde pas moins son caractère de légitimité absolue et incontestable.)

Le droit de propriété est donc un droit rationnel. Il dérive de la nature de l'homme et non des conventions sociales, il est antérieur à toutes législations, et si les sociétés diverses qui se sont succédées dans le monde ont pu et dû le réglementer, ce ne sont pas elles qui l'ont créé, il existait avant elles.

SECTION II

A QUI DOIT ÊTRE ATTRIBUÉE, EN RAISON, LA PROPRIÉTÉ DE LA MINE

Après avoir ainsi établi le droit de propriété de l'homme sur la terre qu'il a *faite sienne*, suivant l'énergique expression de Michelet, nous avons à nous demander quelles limites en profondeur nous assignerons à ce droit. Devons-nous dire qu'il s'étend théoriquement jusqu'au centre de la terre, ou devons-nous le restreindre à sa superficie et aux couches qui la touchent immédiatement?

L'intérêt est grand, car au dessous de cette surface que l'homme a travaillée et qu'il s'est appropriée par son travail, il peut exister, dans les profondeurs inexplorées du sol, des amas de richesses immenses, qui, le plus souvent, auront été ignorées de celui qui aura occupé la superficie. A qui en attribuerons-nous la propriété?

Sur cette question, trois systèmes principaux sont en présence : nous allons les examiner sommairement, tant au point de vue de la raison pure qu'au point de vue de l'intérêt général, dont il est impossible qu'une société ne se préoccupe pas, si elle a quelque souci de vivre et de progresser.

I. Le premier des systèmes qui se présente à nous, est celui qui attribue au maître de la surface la propriété du tréfonds et des mines qu'il peut renfermer. Ce système est-il fondé en raison ?

Nous n'hésitons pas à décider que non.

Le tréfonds et les richesses minérales qu'il peut renfermer, sont à nos yeux, une chose parfaitement distincte de la superficie. L'homme qui a occupé cette superficie, et qui l'a faite sienne par son travail, n'a pas occupé en même temps les couches inférieures qui s'étendent au-dessous, il n'en a pas fait, comme de la superficie, son instrument de travail. Par suite, elles ne sont pas sa chose. Par application des principes que nous avons exposés plus haut, nous devons limiter le droit de cet homme à la limite de son occupation, nous ne devons lui reconnaître que la propriété des choses qu'il a réellement occupées et transformées par son travail, c'est-à-dire, la propriété de la surface et des couches immédiatement voisines, qui sont comme une dépendance indispensable de la propriété superficielle, c'est ainsi que nous lui concéderons l'épaisseur de terrain nécessaire pour bâtir, creuser des puits, planter des arbres, rechercher des sources, etc., en un mot toute la partie du sous-sol sans laquelle seraient impossibles, ou du moins gravement entravés, les actes qui constituent l'exercice ordinaire du droit de propriété de la surface.

Mais nous lui refuserons énergiquement au

point de vue du droit naturel et de la raison
pure, la propriété des couches inférieures à celles
que nous venons de dire et des richesses minérales
que ces couches peuvent contenir. Sans doute, la
limite, en fait, sera difficile à fixer, aussi les législations humaines se sont-elles le plus souvent dis-
pensées de cette détermination délicate, en décidant
que la propriété de la superficie emporterait la propriété du dessous, toutes les fois qu'il n'y aurait
pas intérêt à les distinguer l'une de l'autre, c'est-à-
dire, toutes les fois que la propriété du dessous
serait sans valeur, toutes les fois qu'il n'y aurait
pas de mines, pour parler comme l'art. 552 du
Code civil. Étrange droit, en vérité, que ce droit
qu'on ne laisserait au superficiaire que quand il
est sans valeur, et qu'on lui enlèverait toutes les
fois qu'il pourrait lui être de quelque profit!

Disons-le donc, sans hésiter, de droit naturel, la
mine n'est point la chose du propriétaire de la surface. « Le droit des propriétaires du sol, dans son
» origine, a été borné à l'usage de leurs héritages
» pour semer, planter ou bâtir, ou pour d'autres
» semblables usages, et leurs titres n'ont pas sup-
» posé un droit sur les mines qui leur étaient
» inconnues. » (Domat. Droit public. I ch. II).

Cette distinction, qui nous est ainsi commandée
par la raison, elle est de plus conforme à l'intérêt
bien entendu des exploitations minières, elle
résulte pour ainsi dire de la nature même des choses

dans l'état actuel de division de la propriété foncière, spécialement en France.

En effet, on ne peut exploiter utilement une mine
qu'avec un champ suffisant d'exploitation. Pour
qu'on en puisse tirer tout le parti possible, (et c'est
là un intérêt social de premier ordre), les travaux
d'extraction doivent être faits sur une grande échelle
avec des vues d'ensemble en tenant compte de la direction des filons ou des couches et de la disposition
des amas. Il est impossible, surtout en France où la
propriété foncière est, on le sait, divisée à l'excès,
que la propriété des mines reste restreinte et divisée de la même manière que la propriété de la superficie. Décider une telle chose, et donner à chaque
propriétaire le droit d'ouvrir sur son fonds sa
petite exploitation particulière, ce serait autoriser
le gaspillage de notre richesse minérale et en consacrer la ruine. Cette vérité, on l'avait comprise dès
1791, et c'était le sentiment général que traduisait
Mirabeau dans son magnifique langage, quand il
venait dire à la tribune de l'assemblée, lors de la
discussion de la loi sur les mines du 28 juillet
1791 :

« Je dis que si l'intérêt commun et la justice sont
» les deux fondements de la propriété, l'intérêt
» commun ni l'équité n'exigent pas que les mines
» soient des accessoires de la surface. Je dis que l'in-
» térieur de la terre n'est pas susceptible d'un par-
» tage ; que les mines, par leur marche irrégulière,
» le sont encore moins ; que, quant à la surface,

» l'intérêt de la propriété est que les propriétés
» soient divisées; que, dans l'intérieur de la terre,
» il faudrait au contraire les réunir, et qu'ainsi la
» législation qui admettrait deux sortes de proprié-
» tés comme accessoires l'une de l'autre, et dont
» l'une serait inutile, par cela seul qu'elle au-
» rait l'autre pour base et pour mesure, serait
» absurde. Enfin, je dis qu'il n'est presque aucune
» mine qui réponde physiquement au sol de tel
» propriétaire. La direction oblique d'une mine,
» de l'Est à l'Ouest, la fait toucher, dans un très-
» court espace, à cent propriétés différentes.

Et prévoyant l'objection que, tout en laissant la propriété du tréfonds suivre la propriété de la superficie, on pourrait néanmoins rendre possible l'exploitation, en permettant aux interessés de se réunir en syndicats, ou en accordant aux sociétés de mines le droit d'acquérir tous les terrains miniers, le grand orateur y répond par avance :

« Dira-t-on que les propriétaires formeront une
» société? Mais réuniront-ils à la fois leur sol et
» leur fortune? Leur sol : il faudrait souvent, pour
» explorer une mine de deux lieues de rayon, réunir
» deux mille propriétaires, et quelle sera la propor-
» tion de leur intérêt? Comment un si grand nom-
» bre d'associés agiront-ils de concert? Leur fortune,
» mais presque toujours elle serait insuffisante : il
» est des mines dont l'entreprise a coûté dix fois
» plus que la valeur totale du sol qui les recouvre.
» Dira-t-on que des compagnies de mineurs aché-

» teront toutes les surfaces des terres qu'ils voudront
» exploiter et deviendront ainsi propriétaires ? Je
» demande si la réunion d'un si grand nombre de
» propriétés serait facile, et si elle serait utile dans
» les principes de notre nouvelle constitution ; d'ail-
» leurs peut-on espérer qu'une compagnie, qui a des
» avances si considérables à faire avant de décou-
» vrir ce qui peut-être n'existe pas, ajoutera, à
» toutes les chances qui sont contre elle, celles d'un
» achat d'immeubles qui serait peut-être une source
» de nouvelles pertes ? »

La raison et l'intérêt social s'accordent donc à
nous prescrire de séparer la propriété de la mine de
la propriété de la surface. Il est certain qu'à l'un et
l'autre de ces points de vue, les deux propriétés sont
distinctes, et que celle-là n'est pas l'accessoire obligé de celle-ci.

N'en concluons pas cependant que le maître de
la surface n'a aucun droit sur la mine qui se trouve
sous son terrain, nous verrons tout à l'heure, au
contraire, qu'il a un certain droit, et nous chercherons quel il est ; constatons seulement que sa seule
qualité de propriétaire de la surface ne suffit pas à
le faire déclarer propriétaire de la mine qui se trouve au-dessous.

II. Le premier prétendant écarté, nous en trouvons un autre, c'est l'Etat.

Pour soutenir que l'Etat est seul propriétaire des
mines, on invoque d'abord son droit de propriété
sur toutes les choses sans maître, et l'on dit avec

M. Ch. Comte (*Traité de la propriété* Ch. XXII) :
  « S'il est vrai que le territoire sur lequel une
  » nation s'est développée et a toujours vécu, forme
  » sa propriété nationale, si tout ce qui ne passe pas
  » au moyen du travail dans le domaine des parti-
  » culiers reste dans le domaine public, il est évident
  » que les matières souterraines continuent de faire
  » partie du domaine national et que la nation peut
  » les faire exploiter dans son intérêt, sans qu'aucun
  » de ses membres puisse se plaindre qu'il est porté
  » atteinte à sa propriété, si, en effet, l'exploitation
  » n'est une cause de dommages pour aucune pro-
  » priété privée. Il existe chez toutes les nations, des
  » parties plus ou moins considérables du territoire
  » qui ne sont jamais tombées dans le domaine des
  » particuliers et qui font partie du domaine de
  » l'Etat (*sensu lato*). De ce nombre sont non-seule-
  » ment les rivages de la mer, les ports, les fleuves,
  » mais encore des pâturages, des forêts, des terres
  » cultivées, etc. Pourquoi les dépôts souterrains de
  » charbon de terre, les veines de cuivre, d'ar-
  » gent, etc. ne feraient-ils pas partie de ce même
  » domaine, quand personne ne se les est encore ap-
  » propriés ? »

  On ajoute, et cette argumentation, qui est due à
M. Léhardy de Beaulieu, professeur d'économie
politique à une école des mines de Belgique, n'est
pas sans avoir quelque force, que « les minéraux
» utiles n'ont, quand ils sont enfouis au sein de la
» terre, aucune valeur par eux-mêmes. »

La valeur, dit-on, surgit seulement par le fait du
milieu dans lequel les mines se trouvent placées.
Si ce milieu est mauvais, si l'activité industrielle y
est nulle, les usines rares, les voies de communication insuffisantes, les mines les plus riches ne trouveront que bien difficilement des acheteurs ou des
exploitants. Si au contraire le pays est riche, si les
usines y sont nombreuses et en pleine activité, les
les moindres gîtes minéraux y auront une très-
grande valeur et y seront l'objet de vives compéti-
tions. D'où il suit, que l'on peut dire *que la valeur
d'une mine vient du milieu dans lequel elle est
placée.* Or ce milieu, c'est la nation entière qui l'a
fait tel qu'il est, par le travail lent et successif de
toutes les générations qui se sont succédées sur le
sol. Cette valeur, conclut M. Lehardy de Beaulieu,
doit donc appartenir à qui l'a créée, c'est-à-dire, à
la nation elle-même, ou si l'on veut, à l'Etat qui la
représente et gère ses intérêts.

Nous ne pouvons admettre ce système, et nous
repoussons également les deux argumentations que
nous venons d'indiquer et sur lesquelles il s'appuie
uniquement. Et d'abord, pour répondre à M. Ch.
Comte, il n'est point exact que les mines soient des
biens sans maître. En effet, si nous les envisageons
avant qu'elles aient été reconnues mines, avant
qu'elles aient fait l'objet d'aucune exploitation,
nous devons dire sans hésiter qu'elles n'ont pas
encore commencé à constituer une chose distincte
de la superficie. Avant toute exploitation, les

mines ne sont pas encore des biens, elles sont seulement susceptibles de devenir des biens. C'est leur découverte seule qui les constitue *biens*, qui leur confère cette qualité de choses susceptibles d'appropriation, capables d'être l'objet de droits.

Jusque là, elles font corps avec la superficie et ne sont pas une chose distincte de cette superficie. Cela est absolument vrai, au point de vue du droit naturel, du moins, et de la raison pure, car nous verrons plus loin qu'au point de vue du droit civil français, ce n'est pas la *découverte*, mais seulement la *concession* faite dans les formes et sous les conditions voulues par la loi, qui a cette vertu de conférer aux mines la qualité de *biens*, c'est-à-dire, de choses susceptibles d'être l'objet de droits, et spécialement du droit de propriété.

Si donc c'est la *découverte* qui, en droit naturel, en raison pure, constitue les mines à l'état de *biens*, il est tout à fait injuste, au point de vue rationnel, d'attribuer aucun droit sur ce bien, qui vient d'être créé, à qui n'a pris aucune part à cette création, à qui n'a pas fait la découverte. L'Etat est dans ce cas, et par suite ne peut prétendre en aucune manière à la propriété de la mine.

Quant à l'argumentation de M. Lehardy de Beaulieu, nous avons dit qu'elle avait quelque force. En effet, il est vrai que la mine emprunte une certaine partie de sa valeur au milieu dans lequel elle est située, mais il est faux, comme l'avance cet auteur, qu'elle en tire sa valeur entière,

et cette prémisse de son raisonnement étant ma-
nifestement inexacte, sa conclusion ne peut être
admise, qui donnerait à l'Etat la propriété de la
mine. De ce que l'Etat est le créateur du milieu
florissant grâce auquel la mine augmente de valeur,
il s'ensuit que le propriétaire de la mine doit quelque chose à l'Etat, et nous verrons plus loin que
c'est là la base de la redevance due à l'Etat par les
concessionnaires de mines, mais il ne peut s'ensui-
vre que l'Etat doive devenir nécessairement le propriétaire absolu de cette mine, car si l'on admettait cette conséquence, il faudrait pousser la logique
jusqu'à donner aussi à l'Etat la copropriété exclusive des fonds urbains et ruraux qui, eux aussi,
tirent une grande partie de leur importance et de
leur valeur du milieu qui les environne. C'est un
principe, en effet, que la valeur du sol est proportionnelle à l'activité des hommes qui l'habitent,
et la même unité de terre vaut 1, ou 4000, ou 10000,
suivant qu'elle est au fond des Landes, ou dans tel
ou tel quartier de Paris. Il en est ainsi uniquement
parce que, comme l'a dit un publiciste moderne,
« le travail, la sécurité, l'abondance des capitaux
» et de tous les fruits de l'association des hommes
» font la valeur réelle du sol. Les plus méchants ter-
» rains de Paris valent plus que les sols les plus
» fertiles du monde, parce qu'ils portent comme une
» pyramide de travail accumulé. » Est-ce à dire pour
cela que la ville de Paris puisse revendiquer un
droit de copropriété, sinon un droit de propriété ex-

clusive, sur ces terrains qui doivent une telle aug-«
mentation de valeur à cette seule circonstance qu'ils «
sont situés au millieu d'elle, dans tel ou tel de ses «
quartiers ? Personne n'a jamais songé à le soutenir,
si ce n'est pourtant quelques utopistes illuminés «
ou coupables, qui voudraient que l'Etat fut proprié-«
taire de tout le sol national. Eh bien, on ne peut «
soutenir davantage que l'Etat doive être déclaré
propriétaire d'une mine, parce qu'il est le créateur «
du milieu grâce auquel la mine augmente de valeur. «
Du reste, on peut observer que cette influence du «
milieu sur la valeur de la mine est réciproque, car «
il est vrai de dire que l'activité résultant de l'exploitation d'une mine riche et féconde, a les résultats «
les plus heureux pour le pays dans lequel elle se
trouve, qu'elle le transforme rapidement et lui
donne en peu de temps une prospérité que le plus
souvent il n'eût jamais connue, si la mine n'eût pas
été découverte et exploitée.

Ce système de la domanialité des mines n'est donc
aucunement fondé au point de vue rationnel,
ajoutons qu'en pratique, si nous nous plaçons au
point de vue utilitaire, il aurait les conséquences
les plus fâcheuses pour la richesse minérale. En
effet comme on l'a constaté souvent et comme l'a
voue lui-même M. Ch. Comte.

« Les entreprises industrielles que fait un gou-«
» vernement tournent rarement au profit de la na-»
» tion qui en paie les frais. Les agents de l'exploi-«
» tation ne portent généralement ni assez d'activité

» dans les travaux, ni assez de soin dans la vente
» des produits, pour rendre cette industrie lucrative
» à moins que ce ne soit pour eux. Rien ne peut
» remplacer le mobile si âpre et si puissant de l'in-
» térêt personnel, comme garantie, dans les travaux
» de mines, de la persévérance des efforts et de
» l'économie des moyens. »

« Pour que l'exploitation d'une mine au profit
» du souverain lui soit avantageuse, il faut deux
» conditions, nous dit Turgot, l'une, que la mine
» soit excessivement riche, l'autre, que l'Etat soit
» très petit. »

En résumé, nous repoussons donc aussi, tant
au point de vue rationnel qu'au point de vue utilitaire, le système qui déclare l'Etat propriétaire des
mines.

III. A qui donc accorderons-nous cette propriété
que nous venons de refuser successivement au
maître de la superficie, et à l'Etat?

Si l'on se rappelle ce que nous avons dit plus
haut de la manière dont, selon nous, la mine devient *un bien*, il est facile de pressentir qu'elle
solution nous croyons devoir adopter sur notre
question, au point de vue de la raison pure et du
droit naturel.

Nous considérons la mine comme un bien nouveau que la découverte vient de faire apparaître,
de créer, pour ainsi dire, et nous l'attribons à celui
qui l'a découverte, qui, par suite, en est en quelque
sorte, l'auteur et le créateur, à celui qui, en un

mot, en est le premier occupant. Il est bien entendu, d'ailleurs, que cette qualité de premier occupant pourra se confondre avec celle de propriétaire de la surface; car, de droit naturel, le propriétaire de la surface a droit de fouiller son champ aussi profondément qu'il lui plaît; et il est bien entendu, en outre, que le premier occupant, pour arriver à la mine, ne pourra passer que par son champ à lui, ou par un champ dont le propriétaire lui aura volontairement livré passage.

Mais sous ces deux restrictions qui, à vrai dire, n'en sont pas, et ne sont que des conséquences naturelles des principes posés plus haut, nous admettons sans hésiter que la propriété de la mine est au premier occupant. Cette chose, en effet, n'avait point encore été occupée, car on ne peut dire que l'occupation du maître de la surface se soit étendue au-delà du soc de sa charrue, au-delà des racines de ses arbres, des fondations de sa maison : elle devait donc devenir la chose du premier occupant.

Et puisque, sur ce point, nous avons la bonne fortune d'avoir pour nous l'avis d'un esprit éminent entre tous, nous ne pouvons résister au désir de citer tout au long la page admirable que lui a inspirée ce sujet :

« J'ai défriché un champ où il ne poussait que
» des ronces; je l'ai enclos, planté, arrosé, couvert
» de bâtisses, ou, ce qui revient au même, je l'ai
» acquis en donnant en échange d'autres objets

» provenus de mon travail. La société m'en assure
» quoi? La surface, théâtre de ces travaux de défri-
» chement, de clôture, de plantation, d'arrosage,
» de construction ; la surface, et rien de plus. Elle
» me la donne, car elle ne peut pas faire autrement.
» Comment, en effet, pourrait-elle me garantir le
» fruit de mes labeurs, si elle ne m'assurait la tran-
» quille possession de cette surface où coulent ces
» eaux, sur laquelle reposent ces murs, tout autour
» de laquelle serpentent et végètent les racines de
» ces arbres? Il le faut bien, et elle ne peut per-
» mettre à un autre de semer sur mes moissons, de
» planter à côté de mes arbres. Mais mon travail
» ne s'étend pas au-delà du soc de ma charrue, au-
» delà des racines de mes arbres, au-delà de la
» sonde avec laquelle je vais chercher l'eau de mon
» puits, et dès lors ma propriété s'arrête où s'est
» arrêté mon travail.

» Cependant, au-dessous de cette surface dont
» on m'a garanti la possession, il y a des profon-
» deurs remplies d'un métal, le fer, qui sert à tous
» les ouvrages difficiles, d'un autre métal, l'argent,
» qui sert à tous les échanges, d'un minéral, la
» houille, qui sert à produire la force. Le fond
» pouvant devenir le théâtre d'un nouveau travail
» devient en même temps le théâtre d'une nouvelle
» propriété; et, sous la surface qui est au laboureur,
» se forme une autre possession, qui appartient au
» mineur. La société pose des règles pour la sûreté
» et la commodité de tous les deux. Mais, à côté

» de l'un, elle place l'autre, et la terre, loin d'être
» un théâtre d'usurpation, est ainsi le théâtre d'un
» double labeur, l'un à sa surface, l'autre dans ses
» plus profondes entrailles. De la sorte, aucune
» partie de cet univers n'est prodiguée à qui ne la
» travaillerait pas : à l'un le dessus, à l'autre le
» dessous ; à chacun pour le travail, à cause du tra-
» vail, dans la mesure du travail. »

(M. Thiers, *De la propriété*, Liv. I, p. 98 et suiv.)

Cette solution, qui attribue la mine au premier occupant, ne nous semble pas pouvoir être sérieusement contestée au point de vue où nous nous sommes placés, de la raison pure et du droit naturel. Dès le siècle dernier, elle avait été admise par Turgot qui la formulait de la manière suivante :

« Le Code des mines, à ne le fonder que sur les
« principes de l'équité naturelle et sur les consé-
« quences immédiates des droits de la propriété
« foncière, se réduit aux quatre articles sui-
« vants.

« 1º Chacun a droit d'ouvrir la terre dans son
« champ.

« 2º Personne n'a droit d'ouvrir la terre dans le
« champ d'autrui sans son consentement.

« 3º Il est libre à toute personne de pousser
« des galeries sous le terrain d'autrui, pourvu
« qu'elle prenne toutes les précautions nécessaires
« pour garantir le propriétaire de tout dommage.

« 4º Celui qui, en usant de cette faculté, a creusé
« sous son terrain ou sous celui d'autrui, est deve-

« nu, à titre de premier occupant, propriétaire
« des ouvrages qu'il a faits sous terre et des matières
« qu'il a extraites, mais il n'a rien acquis de plus. »

(Mémoire au conseil d'Etat sur les mines et carrières. Œuvres de Turgot, Paris, 1808, Tome IV,
p. 400)

Cette solution qu'il déduisait si justement, suivant nous, des principes du droit naturel, Turgot
soutenait qu'elle était aussi la plus conforme à
l'intérêt social, et il n'hésitait pas à demander
qu'elle fut consacrée par le droit civil dans toute
sa rigueur et avec toutes ses conséquences. Le grand
économiste voulait que la loi civile, d'accord avec
le droit naturel, reconnut à chaque propriétaire le
droit d'entrer par son terrain dans le tréfonds minéral, et le droit de continuer ensuite ses fouilles et
ses galeries sous les héritages voisins. Il admettait
que ce mineur devait être déclaré propriétaire des
substances minérales que ces travaux d'extraction
lui auraient procurées et cela, sans qu'il fut besoin
d'aucune autorisation du propriétaire de la surface,
ni d'aucune intervention de l'Etat, à qui Turgot
refusait même le plus simple droit de surveillance
et de police sur l'exploitation. L'illustre libéral
disait à ce sujet, que « chaque homme est assez in-
» téressé à conserver sa vie, pour qu'on puisse s'en
» rapporter à lui sur les précautions nécessaires
» dans les travaux des mines. »

Nous ne le suivrons pas jusque là, car le système
qu'il a adopté, et que nous venons d'exposer, ne

nous satisfait complétemeat qu'au point de vue rationnel. Au point de vue pratique et social, nous le croyons tout à fait inadmissible, parce qu'il consacrerait la confusion la plus épouvantable, le chaos le plus complet en matière d'exploitation minière, et parce qu'il ne manquerait pas d'entraîner rapidement la ruine de la richesse minérale du pays qui l'aurait pris pour loi. Tout ce que nous avons dit, à cet égard, du premier des systèmes plus haut examinés, celui qui attribue la mine au propriétaire de la surface, s'applique avec la même force au système qui l'attribue au premier occupant, nous ne nous répéterons donc pas, et nous nous contenterons de faire un nouvel emprunt à Mirabeau, qui s'est aussi occupé de cette solution de notre question, dans le discours dont nous avons déjà cité quelques fragments :

Admettra-t-on pour système « le droit du pre-
» mier occupant, c'est alors que l'on va tomber dans
» un étrange chaos. Quelle sera la propriété de celui
» qui aura trouvé le premier une mine ? Il n'aura
» certainement que ce qu'il aura touché... Ce filon
» de dix toises, de cent toises est à lui ; mais si le
» filon a mille toises, deux mille toises, l'autre bout
» lui appartient-il, quoiqu'il ne l'ait pas trouvé,
» quoiqu'il n'en connaisse ni la direction, ni l'exis-
» tence ? Un autre mineur peut sans doute aussi
» l'exploiter : il sera à son tour le premier occupant,
» et voyez quelles seront les suites d'un pareil sys-
» tème ! un ouvrier gagné n'aura qu'à faire connai-

» tre la direction de la mine, un propriétaire avisé
» y pénétrera d'un seul coup : il aura la plus grande
» partie du profit, l'inventeur n'aura plus que les
» dépenses, aura-t-on des mines avec ce système ?
» Pourra-t-on surtout exploiter des filons métalli-
» ques qui n'ont qu'une épaisseur médiocre et qui
» s'étendent à une grande distance ?

« Un auteur moderne qui a voulu commenter les
» idées publiées en 1769 par le respectable Turgot
» dans un ouvrage périodique, croyait répondre à
» cette objection de cette manière :

« Si les mineurs, disait-il, en partant de deux
» bouts opposés, viennent à se rencontrer, le filon
» sera épuisé ; il n'y aura donc pas de rivalité. Il
» aurait dû prévoir que le mineur peut couper le
» filon à quelques pas de l'inventeur, et s'éloigner
» de lui au lieu d'aller à sa rencontre. Je demande
» alors à qui serait le profit ? Et s'ils parviennent,
» par des routes opposées, au point où deux filons
» se réunissent, à qui restera le champ de bataille ?
» Quel est celui qui prendra pour son compte toutes
» les dépenses qu'un seul des concurrents aura fai-
» tes ? L'auteur dont je parle les renvoie à des ar-
» bitres. Il était plus facile de donner ce conseil que
» de prononcer. »

SECTION III

A QUI DOIT ÊTRE ATTRIBUÉE, AU POINT DE VUE SO-CIAL LA PROPRIÉTÉ DE LA MINE

L'intérêt social est donc, sur notre question, en conflit évident avec les principes du droit naturel ; il nous reste à dire à laquelle de ces deux considérations rivales doit obéir, suivant nous, un législateur sage et prudent.

C'est à la première, il n'en faut pas douter ; notre question est de celles où l'on doit consulter à peu près uniquement la considération de l'utilité générale, et s'il est vrai, comme l'a dit Mirabeau, et comme nous le croyons avec lui, que la richesse minérale soit mise en péril par l'attribution de la mine au premier occupant, nous devons, sans hésiter, repousser ce système, encore qu'il nous paraisse le plus rationnel, et le plus juridique au point de vue de l'équité naturelle. C'est un intérêt de premier ordre, en effet, c'est un intérêt capital pour un État, que l'on tire des mines qu'il renferme tout le parti possible, et c'est à cela que doit tendre, avant tout, la législation minière d'une nation bien ordonnée. Disons-le donc, sans hésiter, au point de vue pratique, la mine doit être attribuée à celui qui sera le plus apte à la bien exploiter, et c'est au pouvoir social, tuteur de la richesse publique, qu'il doit appartenir de désigner cet exploitant, qui sera choisi, eu égard à ses aptitudes spéciales, et eu égard aussi, aux ressources financières dont il dispose, le plus capable de tirer de la mine tout le parti possible.

Seulement, pour que la loi soit équitable en même temps que pratique, il convient qu'elle attribue une indemnité à ceux que l'étude des principes nous indiquait comme pouvant prétendre sur la mine à de certains droits, que nous leur avons enlevés pour cause d'utilité publique.

Ces dispositions, éminemment pratiques et tutélaires de la richesse publique, sont précisément celles qui ont été consacrées par la loi française du 21 avril 1810. Cette loi, qui nous régit encore actuellement, est donc, à notre avis, la meilleure qu'on puisse faire sur la question. A la vérité, on aurait peut-être pu désirer que les principes sur lesquels elle s'appuie fussent plus explicitement exprimés, mais il est encore assez facile de les déduire, ainsi que nous essaierons de le démontrer, de la comparaison des différents articles dont elle se compose, et de leur rapprochement de l'article 552 du Code civil.

L'étude de cette loi fera l'objet de la troisième partie de ce travail.

Dans la 1re partie, nous étudions le régime des mines en droit romain, tant à l'époque classique qu'à l'époque impériale, et dans la 2e partie, le régime des mines dans l'ancien droit français et dans la législation intermédiaire.

PREMIÈRE PARTIE

DE LA PROPRIÉTÉ DES MINES

EN DROIT ROMAIN

Cette première partie de notre travail sera sub-divisée en deux sections, la première, consacrée à l'étude de la propriété des mines à l'époque classique,

La deuxième, à l'étude de cette même question, à l'époque impériale.

SECTION PREMIÈRE

Époque classique

CHAPITRE PREMIER

QUI ÉTAIT PROPRIÉTAIRE DES MINES

La propriété Romaine n'était point basée sur le travail, mais sur la conquête : *maxime sua esse credebant quæ ex hostibus cepissent* (Gaius. comm. IV, § 16). *Ils se croyaient surtout propriétaires de ce qu'ils avaient pris sur l'ennemi.* Il en résulte que c'est une idée éminemment romaine, d'attribuer au propriétaire de la superficie la propriété du tréfonds, jusqu'à une profondeur indéfinie, jusqu'au centre de la terre. Peu leur importait qu'il y eût eu, ou non, occupation effective par le travail, il leur suffisait qu'il y eût eu volonté chez le conquérant d'acquérir la propriété la plus large et la plus complète, pour qu'ils lui reconnussent cette propriété..

Cette volonté d'acquérir la propriété, c'est ce qu'ils appelaient l'*animus domini*. D'où il suit que dans les fonds dont les particuliers pouvaient avoir le *plenum dominium*, le *dominium ex jure Quiritium*, le droit Romain devait, par application de ses principes, attribuer la propriété des mines au propriétaire de la superficie.

C'est ce qu'il a fait.

A l'époque classique, la législation Romaine sur les mines se résume dans les propositions suivantes :

« I. Toutes les carrières de pierres, de marbre,
» ou de sable, et toutes les mines généralement
» quelconques étaient soumises au même régime.

» II. Elles étaient susceptibles de propriété pri-
» vée.

» III. Elles appartenaient au propriétaire de la
» surface, qui pouvait les exploiter sans avoir au-
» cune autorisation à solliciter.

» IV. Nul ne pouvait les exploiter sans sa per-
» mission. »

Nous allons reprendre en détail ces différentes propositions, et expliquer à l'appui les textes dont nous les avons tirées.

PREMIÈRE PROPOSITION

« Toutes les carrières de pierres, de marbre ou
» de sable, et toutes les mines généralement quel-
» conques étaient soumises au même régime. »

DEUXIÈME PROPOSITION

« Elles étaient susceptibles de propriété privée. »

L'une et l'autre de ces propositions résultent
bien clairement des trois lois ci-après qu'il nous
suffira de traduire.

L. 3, § 6, De rebus eorum qui sub tutela vel
cura, etc. (Dig. XXVII, 9).

ULPIANUS, LIB. 35, AD EDICTUM	ULPIEN SUR L'ÉDIT, LIV. 35
Si lapidicinas vel quæ alia metalla pupillus habuit stypteriæ, vel cujus alterius materiæ, vel si cretifodinas, argentifodinas, vel quid aliud huic simile ;	Si le pupille a des carrières de pierre, ou d'alun, ou de quelque autre matière, ou des mines de craie, d'argent, ou quelque autre de même nature,

L. 4. Eodem titulo (au même titre).

PAULUS, LIB. SING., AD ORATIONEM D. SEVERI	PAUL, LIVRE UNIQUE, SUR L'ÉDIT DE SÉVÈRE
Quod tamen privatis licet possidere :	De celles pourtant que les particuliers peuvent posséder,

L. 5. Eodem titulo (au même titre).

ULPIEN SUR L'ÉDIT, LIV. 35	ULPIANUS, LIB. 35, AD EDICTUM
Je pense que, suivant la décision de l'Edit, il faut en défendre l'aliénation.	Magis puto ex sententia orationis impedir alienationem.

La loi 3 § 6, on le voit, soumet exactement au même régime les carrières et mines de toute nature qui pourraient appartenir au pupille, nous verrons tout à l'heure que la loi 13 § 5 au Dig. *de usufructu* n'est pas moins explicite, aussi pouvons-nous affirmer sans hésitation que les mines et les carrières étaient bien traitées de même manière et régies par les mêmes lois.

Quant à notre affirmation, que les mines de toute nature pouvaient appartenir à des particuliers, on pourrait penser à première vue qu'elle est contredite par la loi 4, qui semble établir une restriction et supposer qu'il est des mines que les particuliers n'ont pas droit de posséder, mais on remarquera que cette loi n'appartient pas au texte d'Ulpien.

Le jurisconsulte de l'époque classique n'avait fait aucune restriction, et son texte ne laissait supposer aucunement qu'il y eût alors des mines ne pouvant appartenir à des particuliers. De ce silence d'Ulpien, et de la correction que les rédacteurs du Digeste ont eu soin de faire subir à son texte, on peut inférer, avec une grande apparence de vérité, que la législation avait varié dans l'intervalle de temps compris entre Alexandre Sévère et Justinien, et qu'on a voulu mettre le texte d'Ulpien au courant de la législation nouvelle.

Il était naturel, en effet, que le fisc impérial convoitât les mines, cette source féconde de grandes richesses, et nous voyons que dès les premiers temps de l'empire, Tibère mit la main sur un très-grand nombre d'entr'elles appartenant soit à des particuliers, soit à des villes. « Plurimis etiam civitatibus et privatis immunitates et *jus metallorum* ac vectigalium adempta » (Suétone. Tibère 49). De là, à décider que certaines mines, les plus productives, celles d'or, par exemple, ne pourraient plus appartenir qu'au fisc, il n'y avait qu'un pas, et il est vraisemblable que les empereurs ne tardèrent pas à le franchir, de sorte qu'au temps de Justinien, il y avait des mines ne pouvant appartenir à des particuliers. Aussi, pour mettre Ulpien en harmonie avec le nouvel état de choses, prenait-on la précaution d'intercaler au milieu de son texte, cette phrase qu'on est allé chercher dans Paul et qui constitue la loi 4 : « *Quod tamen privatis licet possidere.* » Mais cette correction qu'on a fait subir au liv. 35 d'Ulpien sur l'Edit, on a omis de la faire aussi à un autre texte du même jurisconsulte, la loi 13 § 5 au titre *de usufructu*, et cette loi, que nous aurons l'occasion d'expliquer tout à l'heure, continue à mentionner les mines d'or et d'argent au nombre de celles que les particuliers peuvent posséder et exploiter.

TROISIÈME PROPOSITION

Les mines appartenaient au propriétaire de la surface, qui pouvait les exploiter sans avoir besoin d'aucune autorisation.

L. 13, § 5, De usufructu et quemadmodum quis utatur fruatur (Dig. VII. 1).

ULPIANUS, LIB. 18, AD SABINUM	ULPIEN SUR SABINUS, LIV. 18
Inde est quæsitum, an lapidicinas, etc.	On s'est demandé s'il pourrait ouvrir des carrières. . . . .
Proindè venas quoque lapidicinarum et hujusmodi metallorum, inquirere poterit : Ergo et auri, et argenti, et sulfuris, et æris, et ferri, et	Il pourra chercher et poursuivre les veines des carrières et les filons des mines qui leur sont assimilées : Il pourra donc exploiter les mines d'or,

ceterorum fodinas, vel quas paterfamilias instituit, exercere poterit, vel ipse instituere……	d'argent, de soufre, de cuivre, de fer ou toutes autres que le propriétaire aurait ouvertes, il pourra lui-même commencer l'exploitation de celles qu'il viendrait à découvrir. . . . .

Le texte que nous venons de citer s'applique à l'usufruitier et lui reconnaît, aussi explicitement que possible, le droit de rechercher les mines et carrières, dans le fonds dont il a l'usufruit, et le droit d'en commencer l'exploitation.

Si l'usufruitier avait ce droit, à plus forte raison, il en était de même de celui qui, réunissant sur sa tête l'usufruit et la nu-propriété, était plein propriétaire du fonds. Notre texte nous est encore utile à un autre point de vue, nous en pouvons tirer une nouvelle confirmation de la première proposition plus haut énoncée, que toutes les mines, de quelque métal qu'elles fussent et que toutes les carrières étaient soumises au même régime, (*Ergo et auri, et argenti, et sulfuris, et œris, et ferri, et ceterorum fodinas. etc.*)

Nous y trouvons aussi une nouvelle preuve à l'appui de notre seconde proposition, qu'au temps d'Ulpien, c'est-à-dire à l'époque classique, toutes les mines étaient susceptibles de propriété privée, même les mines *d'or.*

QUATRIÈME PROPOSITION

Nul ne pouvait exploiter des mines dans le terrain d'autrui sans la permission du propriétaire de la surface.

Cette proposition n'est, à vrai dire, qu'une corrélation de la précédente qui attribue les mines au propriétaire de la surface. La première conséquence du droit de propriété, c'est, en effet, le droit de jouir seul, et à l'exclusion de tous autres, de la chose qui est l'objet de ce droit.

La preuve de notre quatrième proposition sera donc en même temps la confirmation de notre troisième.

Cette preuve résulte de la loi 13 § 1er au Digeste, *Communia prædiorum*, etc., que, nous allons expliquer.

L. 13, § 1, Communia prædiorum tam Urbanorum quam Rusticorum (Dig. VIII. 4).

ULPIANUS, LIB. 6, OPINIONUM	ULPIEN, LIV. 6, OPINIONS
Si constat in tuo agro lapidicinas esse, invito te, nec privato, nec publico nomine quisquam lapidem cædere potest,	S'il est reconnu qu'il existe des carrières dans votre champ, nul, soit en son nom particulier, soit au nom de l'Etat, ne peut

cuí id faciendi jus non est : nisi talis consuetudo in illis lapidicinis consistat, ut, si quis voluerit ex his cædere, non aliter hoc faciat, nisi prius solitum solatium pro hoc domino præstat : ità tamen lapides cædere debet, postquam satisfaciat, domino, ut neque usus necessarii lapidis intercludatur, neque commoditas rei, jure, domino adimatur.

en extraire de la pierre malgré vous, quand il n'a pas d'ailleurs le droit de le faire ; à moins pourtant que ce ne soit l'usage pour ces carrières, et alors celui qui voudrait en extraire de la pierre ne pourra le faire qu'à la condition préalable d'avoir assuré au propriétaire l'indemnité accoutumée. Et encore, dans ce cas, celui qui exploitera devra-t-il, après avoir indemnisé le propriétaire, conduire ses travaux de telle sorte qu'il ne le prive pas de l'usage de la pierre qui lui serait nécessaire, et qu'il ne lui enlève pas la jouissance de sa chose, telle que de droit.

Dans la première partie de notre texte, Ulpien pose le principe, et il le pose en termes absolus et positifs. Nul ne peut, soit en son nom particulier, soit au nom de l'Etat, extraire de la pierre malgré vous. Et ce qu'il dit des carrières, nous savons qu'il faut l'appliquer aux mines, puisque nous venons de dire que tous ces biens sont soumis au même régime en droit Romain.

Dans la seconde partie de notre loi, en revanche, nous trouvons l'indication d'une exception au principe posé dans la première partie. Il nous a été impossible de trouver aucun autre détail sur cette exception, nul autre texte, à notre connaissance, ne s'en étant occupé. Il est permis de supposer qu'il s'agit là de quelque législation que les Romains auront trouvée en vigueur chez un des peuples conquis par eux, et qu'ils auront respectée à cause de son caractère raisonnable et pratique. Nous verrons dans la section deuxième de notre étude sur la législation des mines, en droit Romain, que cette règle, qu'Ulpien nous indique comme toute exceptionnelle de son temps, paraît être devenue un peu plus tard la loi générale des mines dans l'Empire Romain. En réalité, elle n'est rien autre chose qu'une sorte d'expropriation de la surface après paiement d'une indemnité : *(non aliter hoc faciat nisi prius solitum solatium jus hoc domino præstat)*. Cette décision n'était donc pas inconciliable avec le principe romain de la propriété du maître de la superficie, et on comprend qu'elle ait été acceptée, à titre d'exception, par les Romains qui, on le sait, respectaient, dans le mesure du possible, les mœurs et les religions des peuples qu'ils avaient vaincus.

CHAPITRE II

QUEL ÉTAIT LE RÔLE DES MINES DANS LE PATRIMOINE
DONT ELLES FAISAIENT PARTIE

Ces propositions préliminaires ainsi établies, il nous reste à examiner les diverses questions qui peuvent naître sur l'application aux mines des principes du droit privé des Romains.

Et d'abord, dans quelle catégorie de biens les Romains ont-ils rangé les mines ?

Ils en ont fait des immeubles, la chose n'est pas douteuse.

I. — *La mine en droit romain était un immeuble.*

De là il résulte diverses conséquences qui, toutes, sont vérifiées par des textes.

Première conséquence. — Les tuteurs et les curateurs ne pouvant vendre les immeubles du pupille, ne pourront vendre ses carrières ou ses mines.

L. 1, De rebus eorum qui sub tutela, etc. (Digeste XXVII. 9).

ULPIANUS. LIB. 35, AD EDICTUM	ULPIEN, SUR L'ÉDIT LIV. 35
Imperatoris Severi oratione prohibiti sunt tutores et curatores, præ-	L'édit de l'empereur Sévère défend aux tuteurs et aux curateurs

dia rustica vel sub urbana distrahere.................................... § 2. Et sunt verba ejus hujusmodi : Præterea, patres conscripti, interdicam tutoribus et curatoribus, ne prædia rustica vel sub urbana distrahant.

d'aliéner les fonds urbains ou ruraux du pupille.................................... § 2. En voici les termes : En outre, pères conscrits, je défendrai aux tuteurs et aux curateurs d'aliéner les fonds urbains ou ruraux des pupilles.

Dans cette loi première, Ulpien pose le principe pour tous les immeubles du pupille, et ce principe, il l'applique sans hésiter aux mines et aux carrières dans les lois 3 § 6, et dans la loi 5. pro., que nous avons traduites et expliquées plus haut. (« Si lapi-
» dicinas, etc, magis puto ex sententia orationis
» impediri aliénationem. » Si le pupille a des carrières, je pense que l'édit en prohibe aussi l'aliénation).

Deuxième conséquence. — La carrière ou la mine apportée en dot par la femme est dotale, et ne peut être aliénée par le mari, sans le consentement de la femme.

Si l'aliénation a lieu, du consentement de la femme, l'argent qui en provient est subrogé réellement au fonds dotal et devient dotal.

Que faut-il entendre par aliénation du fonds dotal?

Les empereurs Sévère et Antonin nous l'apprennent dans la loi 1er au Code *de fundo dotali*.

Loi 1 *in fine* au Code *de fundo dotali*, V, 23.

IMPER., SEVERUS ET ANTONINUS AA. DIDIÆ

Est autem alienatio omnis actus per quem dominium transfertur.	On entend par aliénation tout acte translatif de propriété.

L'hypothèque du fonds-dotal est-elle également défendue au mari? L'affirmative semblerait résulter de la loi 4 au Dig., *De fundo dotali*.

Loi 4 au Dig., *De fundo dotali* XXIII. 5.

GAIUS, LIB. XI, AD EDICTUM PROVINCIALE

Lex Julia quæ de dotali prædio prospexit ne id marito liceat obligare aut alienare plenius interpretanda est, ut etiam de sponso idem juris sit quod de marito.	La loi Julia qui s'est occupée du fonds dotal pour défendre au mari de l'hypothéquer ou de l'aliéner, doit être interprétée plus largement, en ce sens que la règle soit la même pour le fiancé que pour le mari.

Deux questions naissent à propos de ce texte :

1º La loi Julia s'applique-t-elle au fiancé comme au mari, ou plus généralement, à quelles personnes y a-t-il lieu d'appliquer la loi Julia ?

2º Cette loi prohibe-t-elle l'hypothèque comme l'aliénation du fonds dotal, ou plus généralement, quels actes prohibe la loi Julia ?

M. Demangeat a examiné l'une et l'autre de ces questions dans son étude sur le fonds dotal (page 202). Il conclut, sur la première question, que la prohibition d'aliéner s'applique également au fiancé, au père du mari qui ne serait pas *sui juris*, et plus généralement, à toute personne qui détient le fonds dotal.

Et sur la seconde question, que la loi Julia ne prohibait pas l'hypothèque du fonds dotal, par l'excellente raison que l'hypothèque était alors inconnue en Italie, mais que c'est par la suite qu'on a fait résulter la prohibition d'hypothéquer le fonds dotal *etiam volente muliere*, de la combinaison de la loi Julia et du sénatus consulte Velléien (pag. 216).

L'examen de ces deux questions ne rentrant pas précisément dans notre sujet, nous croyons pouvoir adopter les solutions démontrées par M. Demangeat dans l'ouvrage que nous venons de citer, et nous croyons pouvoir les appliquer aux mines pouvant exister dans le fonds dotal.

Voici pour la première partie de la proposition que nous avons posée comme deuxième conséquence du caractère immobilier des mines.

Quant à la seconde partie de cette proposition,

par laquelle nous affirmons que si l'aliénation de la carrière ou de la mine a eu lieu du consentement de la femme, le prix sera dotal, nous pouvons l'appuyer sur un texte formel, la loi 32 *De jure dotium.*

Loi 32, De jure dotium (Dig. XXIII. 3).

POMPONIUS, LIBRO XVI, AD SABINUM	POMPONIUS SUR SABINIUS, LIVRE XVI
Si ex lapidicinis dotalis fundi lapidem, vel arbores, quæ fructus non essent, sive superficium ædificii dotalis voluntate mulieris vendiderit, nummi ex ea venditione recepti, sunt dotis.	Si le mari a vendu, du consentement de sa femme, des pierres tirées des carrières, ou des arbres du fonds dotal, qui ne sont pas des fruits, ou bien la superficie d'un édifice dotal, l'argent provenant de cette vente est dotal.

La loi que nous venons de traduire s'occupe de choses tirées du fonds dotal et n'ayant pas la qualité de fruits, que ces choses soient des arbres, ou des pierres tirées des carrières qui pourraient exister dans le fonds dotal ;

(Nous verrons plus loin dans quels cas les pierres des carrières du fonds dotal, ou plus généralement les produits des mines qu'il pouvait contenir, étaient considérés comme fruits par les Romains ;)

Et elle décide que si ces produits, qui ne sont

pas des fruits, ont été vendus, du consentement de la femme, le prix provenu de cette vente sera dotal, en remplacement de la chose qu'il représentera, et à laquelle il se trouvera ainsi réellement subrogé.

Cette solution est claire et ne peut être contestée; la seule question qui naisse sur notre texte est celle-ci : le consentement de la femme, mentionné par Pomponius, était-il donc nécessaire pour que la vente fût valable?

M. Demangeat (dans l'ouvrage déjà cité pag. 208) pense que le consentement de la femme n'était pas nécessaire : il n'était nécessaire, dit-il, que pour la vente du droit de superficie.

« Le droit de superficie sur l'édifice dotal n'a pu
» être vendu par le mari qu'avec le consentement
» de la femme : c'est une sorte de propriété préto-
» rienne que le mari seul n'aurait pas pu détacher
» au profit d'un tiers. Au contraire, les blocs de
» pierre, ou de marbre, retirés du fonds dotal, lors
» même qu'ils ne doivent pas être considérés
» comme des fruits, peuvent valablement, en leur
» qualité de meubles, être vendus par le mari seul. »
Suivant M. Demangeat, le texte de Pomponius aurait été corrigé et, dans sa rédaction primitive, il aurait aussi parlé de l'aliénation du fonds dotal lui-même consenti par le mari, *voluntate mulieris*. Le savant jurisconsulte pense que cette mention aura été supprimée par les commissaires de Justinien, comme n'étant pas en harmonie avec la loi unique § 15 au Code, *de rei uxoriæ actione*. (V. 13.)

M. Demangeat ajoute : « La constitution d'un droit
» de superficie serait donc restée possible, même de-
» puis cette loi ! Peut-être n'y a-t-il là, qu'une inad-
» vertance des commissaires qui se seront imaginé
» mal à propos que Justinien n'avait entendu assi-
» miler à la Constitution d'hypothèque et prohiber
» *etiam consentiente muliere*, que l'aliénation du
» fonds dotal lui-même. »

Quel sera l'effet du consentement donné par la
femme à l'aliénation faite par le mari de pierres
tirées des carrières du fonds dotal, ou d'arbres ne
pouvant être considérés comme fruits?

L'effet de cette intervention de la femme sera
de modifier l'obligation du mari quant à la restitu-
tion de la chose dotale. Après la vente faite du consentement de la femme, c'est le prix qui est dotal, et
le mari pourra le restituer en usant des délais lé-
gaux, *annuâ, bimâ, trimâ die*, tandis que la vente
faite *invita muliere* n'empêcherait pas que le mari
restât débiteur envers la femme de la chose elle-
même, de telle sorte que, la dissolution du mariage
arrivant, il devrait la restituer sans délai.

L'opinion de M. Demangeat sur la suppression
faite au texte de Pomponius du passage prévoyant
l'aliénation du fonds dotal par le mari *voluntate
mulieris* parait extrêmement probable, mais en
admettant que ce texte ne parlât pas de ce cas, il est
évident qu'il s'y appliquait implicitement et que
si, au cas d'aliénation de partie du fonds do-

ital, le prix devenait dotal, à plus forte raison, il
en était de même au cas d'aliénation du fonds dotal
lui-même.

II. *La mine, en droit romain, n'était distincte en
aucune manière du fonds lui-même dans lequel
elle se trouvait.*

Nous n'avons pas dit assez, en affirmant qu'en
droit Romain la mine était un bien immobilier ;
pour être complet, nous devons dire que la mine
était un bien immobilier, *qui n'était distinct en aucune manière de l'immeuble dans lequel elle avait
été trouvée, et qui se confondait absolument avec lui.*
Il résulte de là que la mine suivait absolument le
sort du fonds dans lequel elle se trouvait, et qu'elle
était grevée de tous les droits, quels qu'ils fussent,
auxquels ce fonds pouvait être soumis.

Premièrement. Elle était frappée d'abord du droit
de propriété du maître de la superficie.

Nous l'avons prouvé plus haut par l'explication
des lois 13 § 5 *de usufructu* et 13 § 1er *communia
prædiorum.*

Deuxièmement. Elle était frappée, en outre, des
droits d'usufruit ou d'usages et des droits d'hypothèque, ou autres droits réels, qui pouvaient grever
le fonds dont elle faisait partie.

1º Cela résulte expressément pour l'usufruit de la
la loi 9 au Dig. *de usufructu* : nous allons l'expliquer.

L. 9. De usufructu et quemadmodum quis utatur fruatur (Dig. VII. 2).

ULPIANUS, LIB. 17, AD EDICTUM	ULPIEN, LIV. 17, SUR L'ÉDIT
Item si ususfructus sit legatus	De même, si un usufruit a été légué . . . .
§ 3. Sed si hæc metalla post usumfructum legatum sint inventa, cum totius agri relinquatur ususfructus, non partium, contineantur legato.	§ 3. Si ces mines n'ont été découvertes qu'après le legs de l'usufruit, le legs s'y appliquera cependant, pourvu que ce soit un legs de l'usufruit du champ tout entier, et non de l'usufruit d'une partie du champ.
§ 4. Huic vicinus tractatus est, qui solet in eo, quod accessit, tractari et placuit, alluvionis quoque usumfructum ad fructuarium pertinere. Sed si insula juxta fundum in flumine nata sit, ejus usumfructum ad fructuarium non pertinere, Pegasus scribit, licet proprietati accedat : esse enim veluti proprium	§ 4. Je suppose qu'une partie du champ voisin ait été réunie au champ légué, s'il s'agit de ces augmentations qu'on acquiert par voie d'accession, on décide que cette augmentation ou alluvion appartient au légataire de l'usufruit. Mais si une île est née dans le fleuve en face du fonds légué, Pégase écrit que

fundum, cujus ususfruc-
tus ad te non pertineat.
Quæ sententia non est
sine ratione. Nam ubi
latitet incrementum et
ususfructus augetur : ubi
autem apparet separa-
tum fructuario non acce-
dit.

le légataire n'en aura pas
l'usufruit quoiqu'elle se
trouve une augmentation
du fonds légué, et cela,
parce que c'est un fonds
nouveau dont l'usufruit
n'a pas été légué. Cet avis
n'est point sans fonde-
ment. En effet, quand il
s'agit d'une augmenta-
tion invisible du fonds,
l'usufruitier doit en profiter, quand, au contraire,
il s'agit d'une augmenta-
tion distincte, l'usufruitier n'y a aucun droit.

Ce texte est des plus importants, car il nous donne
la preuve irréfutable que, pour les Romains, la
mine n'était pas un bien nouveau, mais une augmentation, un accroissemeut invisible du fonds
ancien. Cela était utile à prouver, car cela ne résultait point nécessairement de la proposition que
nous avons établie plus haut, que la mine appartenait au propriétaire de la surface. On conçoit, en
effet, qu'elle aurait pu lui être attribuée à titre de
bien nouveau, comme par exemple, lui est attribuée
la propriété d'une île qui naît dans le fleuve au
regard de son fonds. Dans le texte que nous venons
d'expliquer, Ulpien nous affirme expressément

qu'il n'en est pas ainsi, et que la mine est un *incre-mentum* du fonds mais un *incrementum latitens*, profitant à l'usufruitier, encore que le legs de l'usufruit soit antérieur à la découverte de la mine. Reprenons donc ce texte en détail.

Dans le *prœmium*, Ulpien agite la question de savoir quelle est l'étendue du droit de l'usufruitier, sur les produits du fonds.

Le jurisconsulte décide sans hésitation que l'usufruitier a droit à tout ce qui naît dans le fonds, à tout ce qui peut être perçu, pourvu que cette perception ne sorte pas des bornes d'une bonne culture et que la jouissance ne soit pas excessive au jugement d'un homme de bon sens. Nous reviendrons tout à l'heure sur ce texte quand nous arriverons à la question de savoir quel caractère il faut assigner aux produits de la mine et si ce sont des fruits.

Le § 2 de notre loi se référe à la même question et nous le réservons également. Il ne s'applique, en effet, qu'à la manière dont l'usufruitier doit jouir des mines déjà en exploitation au moment où son droit s'est ouvert.

C'est le § 3 qui contient la décision intéressante pour nous. Dans ce paragraphe, il s'agit de savoir si les mines découvertes, après dans le fonds légué la naissance du droit du légataire d'usufruit, appartiennent, ou non, à ce légataire. Ulpien décide qu'elles lui appartiennent, à la seule condition qu'il soit légataire de l'usufruit de la totalité du champ. Et le jurisconsulte nous apprend immédiatement

dans le § 4, par application de quelle règle, il arrive
à cette décision. « Nam ubi latitet incrementum et
» usufructus augetur : ubi autem, apparet separa-
» tum, fructuario non accedit. »

S'agit-il d'une augmentation du fonds qu'on ne
puisse destinguer de lui-même, *incrementum latitens*, l'usufruit aussi est augmenté; s'agit-il, au contraire, d'une augmentation distincte et reconnaissable, l'usufruitier n'en profite pas.

Voilà la régle ; elle est claire et précise, et nous en
trouvons deux applications dans ce même § 4.

Première application. « Huic vicinus tractatus est
qui solet in eo quod accessit, tractari.» Une augmentation du fonds a eu lieu aux dépens d'un fonds
voisin : il s'agit d'une de ces augmentations qui
sont acquises par voie d'accession, appelons-la de
son nom, il s'agit d'une alluvion, « *Est autem al-
luvio incrementum latens*» Instit II. 20) Elle profi-
tera à l'usufruitier parce que c'est une augmentation
invisible (*ubi latitet incrementum et ususfructus
augetur.*)

« Per alluvionem autem id videtur adjici quod
» ità paulatim adjicitur, ut intelligere non possis
» quantum quanto temporis momento adjicitur.
» Inst. II 20).

» On dit qu'il y a accroissement pas alluvion,
» quand l'accroissement a eu lieu peu à peu, et de telle
» manière qu'on ne puisse distinguer de combien il
» a eu lieu et à quel moment. Inst, livre II § 20 »

Deuxième application. Une île nait dans le fleuve

en face du fonds soumis à l'usufruit, et elle est attribuée au propriétaire de ce fonds par application
du § 22 du livre II des Institutes « Insula in flumine
» nata, quod frequenter accidit, si quidem mediam
» partem fluminis tenet, communis est eorum qui
» ab utraque parte fluminis prope ripam prædia
» possident, pro modo latitudinis cujusque fundi,
» quæ latitudo prope ripam sit : quod si alteri par-
» ti proximior sit, eorum est tantum qui ab ea
» parte prope ripam prædia possident. Inst. II 22 »

Cette île ne sera pas soumise au droit du légataire d'usufruit, quoiqu'en réalité, elle augmente le
fonds soumis à l'usufruit, (*licet proprietati accedat*).
Et la raison, c'est que cette île est comme un fonds
nouveau, (*veluti proprium fundum*) dont l'usufruit
n'a pas été légué. « Ubi incrementum apparet sepa-
» ratum, usufructus non augetur. » L'accroissement
ment est distinct et reconnaissable, il ne profite pas
à l'usufruitier.

Eh bien, c'est cette régle si claire et si précise
qu'Ulpien applique à la question de savoir si les
mines découvertes dans le fonds soumis à l'usufruit
appartiennent à l'usufruitier, et c'est par application de cette règle qu'il se prononce pour l'affirmative. Nous avions donc raison de dire, qu'en droit
Romain, la mine n'est pas un bien distinct du
fonds dans lequel on la découvre, qu'elle se confond
absolument avec lui, et peut, tout au plus, être considérée comme étant une augmentation invisible de
ce fonds, (*latitens incrementum.*) Dans une législa-

tion, au contraire, où la mine formerait une propriété distincte de la surface, il faudrait décider, par application des principes d'Ulpien, que la mine découverte dans le fonds soumis à l'usufruit n'appartient pas à l'usufruitier, parce que c'est une propriété nouvelle dont l'usufruit n'a pas été légué. » (*Apparet separatum*) ; (*veluti proprium fundum » cujus usufructus non pertineat*). »

2º La mine était frappée des droits d'hypothéque qui pouvaient grever le fonds dont elle faisait partie.

L. 16, pr. De Pignoribus et hypothecis (Dig, XX, 1).

MARCIANUS, LIB. SING., AD FORMULAM HYPOTHECARIAM	MARCIEN, SUR LA FORMULE DE L'ACTION HYPOTHÉCAIRE, LIV. UNIQ.
Si fundus hypothecæ datus sit, deinde alluvione major factus est, totus obligabitur.	Si un fonds a été affecté d'hypothèque et qu'ensuite, il se trouve augmenté par alluvion, le fonds tout entier sera soumis à l'hypothèque.

L. 18 § 1er, De pigneratitia actione, vel contra (Dig. XIII, 7).

PAULUS, LIB. 29, AD EDICTUM	PAUL, SUR L'ÉDIT, LIV. 29
Si nuda proprietas pignori data sit, ususfructus, qui posteà adcreve-	Si une nu-propriété a été donnée en gage et que l'usufruit vienne ensuite

rit, pignori erit. Eadem causa est alluvionis. | s'y réunir, il sera également frappé du gage. La solution sera la même pour le cas d'alluvion.

Les textes que nous venons de citer ne s'appliquent pas expressément, on le voit, à la mine qui serait découverte dans le fonds soumis à l'usufruit, mais ils décident que l'augmentation par alluvion sera soumise aux droits de gage ou d'hypothèque qui gréveraient le fonds au moment où l'augmentation a lieu. Or, nous venons de voir qu'Ulpien, (Loi 9, *de usufructu* au Dig.), a à peu près assimilé le cas d'invention d'une mine dans un fonds au cas d'augmentation invisible de ce fonds par voie d'alluvion, et nous croyons pouvoir appliquer à notre question les deux textes que nous avons trouvés sur le cas d'augmentation par alluvion.

Nous déciderons donc fermement, par application des principes déduits plus haut de la loi 9 *de usufructu* et confirmés encore par nos deux lois 16 *de pignoribus* et 18 § 1er *de pigneratitia actione*, que la mine est soumise à tous les droits de gage ou d'hypothèque qui pouvaient grever le fonds dans lequel elle a été découverte.

III. De quelle nature était, pour les Romains, le produit de la mine.

Nous venons d'établir que la mine était soumise à tous les droits qui pouvaient grever le fonds dont elle faisait partie, notamment aux droits du mari et de l'usufruitier, il nous reste à voir quel était le mode d'exercice de ces droits sur le produit de la mine. Pour cela, nous devons chercher d'abord quelle était pour les Romains, la nature du produit de la mine.

Nous trouvons la réponse à notre question dans les textes suivants :

L. 77, De verborum significatione (Dig. L. 16).

PAULUS, LIB. 49, AD EDICTUM	PAUL, SUR L'ÉDIT, LIV. 49
Frugem pro reditu appellari, non solum quod frumentis aut leguminibus ; verum et quod ex vino, sylvis cæduis, cretifodinis, lapidicinis capitur.	On appelle fruits, à cause de leur caractère de périodicité, non-seulement, les froments et les divers produits de la terre, mais encore tout ce qu'on tire de la vigne, des bois taillis, des carrières de craie ou de pierre.

Ajoutons à ce fragment les passages ci-après d'une loi sur laquelle nous aurons à revenir plus loin.

L. 7, Soluto matrimonio dos quemadmodum petatur (Dig. XXIV, 3).

ULPIANUS, LIB. 31, AD SABINUM	ULPIEN, LIV. 31, SUR SABINUS
§ 13 (*in fine*)..... Quia nec in fructu est marmor, nisi tale sit ut lapis ibi renascatur, quales sunt in Gallia, sunt et in Asiâ. § 14. Sed si cretifodinæ, argentifodinæ, vel auri, vel cujus alterius materiæ sint, vel arenæ, utique in fructu habebuntur.	§ 13 (à la fin)..... le marbre n'est un fruit que dans les carrières où il renaît, telles que celles de Gaule ou d'Asie. § 14. Mais le produit des mines d'argent ou d'or et des carrières de sable ou de craie, ou le produit de mines ou carrières de toute autre matière est aussi considéré comme fruit.

Ces deux textes résument toute la théorie des Romains sur la question. Pour eux, le produit des mines ou carrières de toute nature était un fruit; ils ne font de réserve que pour les carrières de marbre où le marbre ne se reproduit pas, (*Ubi lapis non renascatur*) et c'est cette réserve qui nous donne l'explication de la solution qu'ils ont adoptée.

Les Romains ont décidé que le produit de la carrière ou de la mine était un fruit, parce qu'ils ont cru que ce produit se renouvelait périodiquement. Pline, en effet, le disait expressément.

« Inter plurima Italiœ miracula, ipsa marmora » in lapidicinis crescere auctor est Papirius Fabia- » nus, naturæ rerum peritissimus ; exemptores » quoque adfirmant compleri sponte illa montium » ulcera, quæ si vera sunt, spes est nunquam defu- » turam luxuriam. » (Plinii secundi historiarum mundi. Lib XXXVI, cap. XXIV in fine). (Entre autres merveilles nombreuses que l'on trouve en Italie, le très-savant naturaliste Papirius Fabianus affirme celle-ci, que le marbre se reforme dans les carrières. Les mineurs confirment ce dire et assurent que les brèches des montagnes se referment d'elles-mêmes. Si le fait est vrai, on peut espérer que le luxe n'aura point de terme).

Les auteurs modernes sont universellement d'accord pour considérer comme une erreur ce fait du renouvellement des mines et carrières admis par les Romains, et Buffon nous explique comment cette fable a pu prendre naissance et se propager par une observation superficielle et peu attentive de ce qui se passe pour les albâtres. Cette matière, en effet, a bien la propriété de se produire d'une manière constante dans certaines conditions, et les Romains qui avaient observé ce phénomène de reproduction, ou plutôt de production continue, ont cru pouvoir le géréraliser et dire que toutes les

substances minérales se comportaient comme l'albâtre.

« Il ne faut pas bien des siècles, dit Buffon, (édi-
» tion de Lacépède, 1818, tome III, p. 61), ni même
» un très-grand nombre d'années, comme on pour-
» rait le croire, pour former les albâtres : on voit
» croître les stalactites en assez peu de temps ; on
» les voit se grouper, se joindre et s'étendre pour
» ne former que des masses communes, en sorte
» qu'en moins d'un siècle elles angmentent peut-
» être du double de leur volume. L'albâtre est une
» matière qui, se produisant et croissant chaque
» jour, pourrait, comme le bois, se mettre pour
» ainsi dire, en coupes réglées, à deux ou trois siè-
» cles de distance ; car, en supposant qu'on fît au-
» jourd'hui l'extraction de tout l'albâtre contenu
» dans quelques-unes des cavités qui en sont rem-
» plies, il est certain que ces mêmes cavités se
» rempliraient de nouveau d'une manière toute
» semblable par les mêmes moyens de l'infiltration
» et du dépôt des eaux gouttières qui passent à tra-
» vers les couches supérieures de la terre et les
» joints des bancs calcaires.

» Les marbres de seconde formation peuvent,
» comme les albâtres, se régénérer dans les endroits
» d'où on les a tirés, parce qu'ils sont formés de
» même par la stillation des eaux. Baglivi rapporte
» un grand nombre d'exemples qui prouvent évi-
» demment que le marbre se reproduit dans les
» mêmes carrières...., »

De cette idée ainsi admise par les Romains que la pierre ou le marbre était un fruit de la carrière, comme la récolte est un fruit de la terre, il résultait que le mari et l'usufruitier jouissaient des carrières et mines comme ils auraient joui de tout autre fonds, en en gagnant les produits par la simple perception. Cela est établi par des textes nombreux. 1º Nous allons les expliquer en nous occupant d'abord de ceux qui traitent des droits du mari.

L. 8, Soluto matrimonio dos quemadmodum, etc. (Dig. XXIV, 3).

PAULUS, LIB. 7, AD SABINUM	PAUL, SUR SABINUS, LIV. 7
Si fundus in dotem datus sit, in quo lapis cæditur, lapidicinarum commodum ad maritum pertinere constat. Quia palam sit, eo animo dedisse mulierem fundum, ut iste fructus ad maritum pertineat : nisi si contrariam voluntatem in dote danda declaraverit mulier.	Si la femme a donné en dot un fonds dans lequel s'exploite une carrière de pierres, il est certain que le produit de la carrière appartient au mari. Et cela, parce qu'il est clair que la femme a donné ce fonds en dot, dans la pensée que ce fruit particulier dont il est productif appartiendrait au mari : à moins toutefois que dans la constitution de dot, la femme n'ait exprimé la volonté contraire.

Paul prévoit le cas où la dot comprend un fonds dans lequel se trouve une carrière en exploitation, et il pose comme un fait certain que le produit de cette carrière appartient au mari, comme tout autre fruit du fonds dotal. Et cela, dit-il, parce que l'intention de la femme était évidemment que ce fruit du fonds dotal, (*iste fructus*), appartînt au mari. Cette présomption ne céderait que devant l'expression d'une volonté contraire de la femme.

Cette décision n'est qu'une application pure et simple du principe contenu en la loi 77. D. *de verborum significatione*, que les produits des carrières sont des fruits. Elle n'a donc rien de particulier, et nous n'avons qu'à la constater, sans nous y arrêter. Remarquons seulement qu'elle confirme bien expressément notre proposition, que le produit de la mine était un fruit pour les Romains.

Mais que devrions-nous décider si, au lieu d'une carrière déjà connue et en exploitation au moment de la constitution de dot, il s'agissait d'une carrière découverte par le mari et par lui mise en exploitation postérieurement à la célébration du mariage? Faut-il dans ce cas encore, comme dans celui prévu en la loi 8 *D. soluto matrimonio*, attribuer au mari, à titre de fruit, le produit de la mine, ou devons-nous lui dénier le droit de changer ainsi la jouissance de l'immeuble dotal? Cette question est examinée par Javolenus et par Ulpien dans les deux textes suivants :

L. 18, De fundo dotali (Dig. XXIII, 5).

JAVOLENUS, LIB. VI, EX POSTERIORIBUS LABEONIS.

Pro. Vir in fundo dotali lapidicinas marmoreas aperuerat. Divortio facto, quæritur, marmor, quod cæsum, neque exportatum est, cujus esset, et impensam in lapidicinas factam mulier an vir præstare deberet. Labeo marmor viri esse ait ; ceterum viro negat quidquam præstandum esse a muliere, quia nec necessaria ea impensa esset, et fundus deterior esset factus. Ego non tantum necessarias, sed etiam utiles impensas præstandas à muliere existimo ; nec puto fundum deteriorem esse, si tales sunt lapidicinæ in quibus lapis crescere possit.

Un mari avait ouvert des carrières de marbre dans le fonds dotal. Le divorce ayant eu lieu, on demande à qui appartient le marbre extrait, mais non encore emporté, et si c'est la femme ou le mari qui doit supporter les dépenses faites en vue de ces carrières. Labéon dit que le marbre appartient au mari, mais il nie que la femme ait rien à rembourser au mari parce que la dépense n'était pas nécessaire, et que le fonds a été dégradé. Pour moi, je pense que la femme ne doit pas seulement le remboursement des dépenses nécessaires, mais encore celui des dépenses utiles, et je

> ne crois pas que le fonds
> ait été dégradé s'il s'agit
> de carrières telle que le
> marbre s'y reproduise.

Il résulte de notre texte qué le mari avait droit d'ouvrir des carrières dans le fonds dotal. Le jurisconsulte, en effet, suppose que le mari a ouvert des carrières et ne se demande aucunement s'il avait droit de le faire, c'est donc que ce droit n'était pas susceptible de contestation. Cela nous paraît d'ailleurs conforme aux principes de la matière. Le mari a le droit absolu d'user, comme il l'entend, du fonds qu'il a reçu en dot, seulement il le fait sous sa responsabilité. Si quand il s'agira de restituer le fonds, ce fonds se trouve dégradé, et que cela vienne du mode de jouissance adopté par le mari, le mari sera responsable. Tenons donc pour certain, en nous appuyant sur notre texte, que le mari pouvait d'une manière absolue ouvrir des carrières dans le fonds dotal, sauf à être responsable des dégradations et diminution de valeur que l'ouverture de ces carrières et les travaux d'extraction auraient causées au fonds. Ceci posé, venons à l'explication de notre texte. Nous l'emprunterons à M. Demangeat qui l'a donnée aussi claire et satisfaisante que possible dans son traité « *De la condition du fonds dotal en droit romain.* »

« Le mari a ouvert des carrières de marbre dans » le fonds dotal; des blocs de marbre ont été

» extraits; mais ils n'ont pas encore été emportés
» pour être vendus; le divorce arrive. Maintenant,
» deux questions se présentent; 1° ces blocs de
» marbre, qui sont encore sur le fonds dotal, près
» de la carrière d'où ils ont été tirés, appartien-
» nent-ils au mari ou appartiennent-ils à la femme?
» 2° Les frais que le mari a faits pour commencer
» l'exploitation de cette carrière resteront-ils à sa
» charge ou pourra-t-il s'en faire tenir compte par
» la femme en lui restituant le fonds?

» Sur la première question, il ne paraît pas y
» avoir eu difficulté : Labéon admet que les blocs
» de marbre appartiennent au mari et non à la
» femme, ce qui veut dire qu'ils sont gagnés par le
» mari, que le mari n'est pas tenu de les restituer
» à la femme; et sur ce point Javolenus n'élève au-
» cune contradiction. Ainsi, les jurisconsultes Ro-
» mains, en principe, ne considèrent point comme
» des portions de la chose dotale, les produits
» d'une carrière même ouverte par le mari. Ces
» produits, en effet, ont un tout autre caractère
» que les arbres non compris dans une *Sylva cæ-*
» *dua*, comme par exemple des oliviers, que le mari
» fait abattre.

» Mais sur la deuxième question, Javolenus n'est
» plus complétement d'accord avec Labéon. Suivant
» Labéon, le mari n'a jamais droit de se faire indem-
» niser par la femme des frais qu'a nécessités l'ouver-
» ture de la carrière. Javolenus combat cette proposi-
» tion comme trop absolue en montrant que les mo-

» tifs donnés à l'appui par Labéon ne sont pas tou-
». jours applicables. En effet, Labéon se fondait d'a-
» bord sur ce que le mari n'a point fait là une dépense
» nécessaire ; à cela Javolenus répond très-bien :
» Sans doute l'ouverture de la carrière n'est point
» une dépense nécessaire, mais ce peut être une
» dépense utile ; or, le mari est autorisé à se faire
» tenir compte même des dépenses simplement
» utiles. Labéon ajoutait, pour refuser au mari
» toute espèce de recours, que le mari, en ouvrant
» la carrière, avait dégradé le fonds, qu'ainsi il n'a-
» vait même pas fait une dépense utile. Mais il est
» évident qu'en ceci Labéon allait beaucoup trop
» loin : S'il se peut que le mari ait détruit une
» exploitation agricole convenable pour ouvrir une
» carrière qui se trouve déjà épuisée quand arrive
» le divorce, il se peut aussi qu'au lieu d'un terrain
» stérile qu'il avait reçu en dot il restitue aujour-
» d'hui une carrière qui, pendant de longues an-
» nées donnera de riches produits. Je ne pense pas,
» dit Javolenus, que le fonds soit dégradé lorsqu'il
» s'agit de carrières *in quibus lapis crescere possit*
» dans lesquelles le marbre peut se reproduire. »

De la loi 18 pr. *de fundo dotali*, M. Demangeat
rapproche un texte qui a beaucoup embarrassé les
commentateurs et dans lequel Ulpien examine précisément les deux questions traitées par Javolenus
dans la loi 18. Ces deux questions, Ulpien les pose dans
des termes presque identiques, et M. Demangeat
pense qu'il les résout absolument comme Javolenus.

L. 7. Soluto matrimonio dos quemadmodum, etc.
(Dig. XXIV. 3).

ULPIANUS, LIB. 31, AD SABINUM	ULPIEN SUR SABINUS, LIV. 31

Si vir in fundo mulieris dotali lapidicinas marmoreas invenerit, et fundum fructuosiorem fecerit, marmor quod cæsum neque exportatum est, mariti est ; et impensa non est ei præstanda, quia nec in fructu est marmor, nisi tale sit ut lapis ibi renascatur, quales sunt in Galliâ, sunt et in Asiâ.

Si le mari a trouvé des carrières de marbre dans le fonds dotal, et qu'en les exploitant, il ait augmenté le revenu du fonds, le marbre extrait, quoique non emporté encore, lui appartient. Mais la dépense ne doit pas lui être remboursée, parce que le marbre ne constitue pas un revenu, si ce n'est dans ces carrières où le marbre se reforme, carrières telles qu'il en existe en Gaule et en Asie.

« Toute la difficulté, dit M. Demangeat, est dans
» ces mots *quia nec in fructu est marmor* : en effet
» comment comprendre que le jurisconsulte s'ex-
» prime ainsi, quand il a commencé par dire que le
» mari, en ouvrant la carrière, a rendu le fonds *fruc-*
» *tuosior*, et surtout quand il a décidé que les blocs
» extraits de la carrière et non encore transportés

» sont gagnés par le mari ? Antoine Favre et Po-
» thier, pour échapper à la difficulté, supposent
» que le texte a été altéré et proposent de lire : *ma-*
» *riti non est.* Indépendamment de ce que cette
» addition en elle-même a d'arbitraire, Ulpien se-
» rait ainsi en désacord avec Labéon et avec Javo-
» lenus, car ceux-ci, dans notre loi 18 pr., attri-
» buent sans difficulté et d'une manière absolue les
» blocs de marbre au mari. Cujas ajoute également
» une négation ; mais il l'ajoute ailleurs : il lit NEC
» *fundum fructuosiorem fecerit.* Je ne puis croire
» qu'Ulpien se soit laissé aller à une rédaction si
» vicieuse : car il semblerait alors que si les blocs
» de marbre appartiennent au mari, c'est parce
» qu'il n'a pas rendu le fonds *fructuosior*.
    »' Voici, à mon sens, ce qu'a voulu dire Ulpien :
» Le mari a ouvert dans le fonds dotal des carrières
» de marbre ; le produit de ces carrières est supé-
» rieur au revenu que le fonds donnait auparavant.
» Dans tous les cas, les blocs de marbre, dès qu'ils
» sont extraits, appartiennent au mari, et il n'aura
» point à en rendre compte dans l'action *rei uxoriæ* ;
» mais il ne peut se faire indemniser par la femme
» des frais de mise en exploitation qu'autant qu'il
» a créé une source durable de revenu, la carrière
» n'étant point déjà épuisée au moment où le fonds
» est restitué à la femme. Et cette décision, con-
» forme à celle de Javolenus, est parfaitement rai-
» sonnable. En effet, dans le cas où la carrière est
» déjà épuisée lors de la dissolution du mariage,

» d'une part la femme ne doit aucune indemnité
» pour une dépense dont elle ne retire aucun
» profit, et même c'est elle qui aurait droit à une
» indemnité si le fonds en définitive a été dégradé
» par l'ouverture et l'exploitation de la carrière;
» mais d'autre part, il est équitable que le mari
» gagne au moins les produits qu'il a retirés ainsi
» à ses dépens. Dans le cas où l'exploitation pourra
» se prolonger après la dissolution du mariage, de
» telle sorte que la femme qui retrouve son im-
» meuble, le trouve plus productif qu'il n'était au-
» trefois, le mari gagne les produits par lui perçus,
» comme en général, il gagne les fruits, et de plus,
» il est juste que la femme rembourse la dépense
» dont elle va profiter.

» Enfin, ajoute encore M. Demangeat, on pour-
» rait voir une contradiction entre cette loi 7, § 13,
» *sol. matr.* qui, comme la loi 18 Pr. *de fundo*
» *dotali*, fait gagner définitivement au mari les
» produits de la carrière, et un fragment de Pompo-
» nius, (dont nous avons déjà fait usage), la loi 32
» *de jure dotium.* En effet, dans cette dernière loi,
» le jurisconsulte suppose que les produits de la
» carrière ouverte dans le fonds dotal font partie
» de la dot; il les met sur la même ligne que les
» arbres *quæ fructus non essent* et décide que si
» le mari les a vendus *voluntate mulieris,* le mon-
» tant du prix de vente est dotal. Je ne veux pas
» m'arrêter sur cette difficulté, qui ne rentre pas
» précisément dans mon sujet (c'est toujours M. De-

» mangeat qui parle). Je dirai seulement qu'à
» mon sens la loi 32, *de jure dotium*, se rapporte
» soit à des *lapides* qui avaient déjà été extraits de
» la carrière au moment où le fonds est devenu
» dotal, soit à des *lapides* extraits pendant le ma-
» riage, mais qui, d'après la volonté exprimée par
» la femme, doivent être *in dote*, comme le fonds
» dont ils proviennent. » (Cas prévu par Paul, dans
la loi 8, pr. *soluto matrimonio*, que nous avons
expliquée plus haut.)

Nous trouvons absolument concluante cette explication donnée par M. Demangeat de l'antinomie
qui, au premier abord, semblerait exister entre la
loi 32 *de jure dotium* d'une part, et les lois 7 § 13
sol. matr. et 18 pr. *de fundo dotali* d'autre part.
Aussi, nous contenterons-nous de l'avoir rapportée,
et n'insisterons-nous pas sur une difficulté qui
n'est d'ailleurs qu'apparente.

2. Et maintenant, quels étaient les droits de l'usufruitier sur le produit des mines ou carrières soumises à l'usufruit?

Nous nous occuperons d'abord des mines ou
carrières déjà en exploitation au moment de l'ouverture de l'usufruit. L'usufruitier pouvait en jouir
comme de tout autre immeuble soumis à l'usufruit,
à la seule condition que sa jouissance n'excédât pas
les limites d'une sage administration, à la seule
condition fixée par le droit commun de se compor-
ter en bon père de famille. Il pouvait donc exploiter toutes mines ou carrières comprises en son usu-

fruit et en percevoir les produits, puisque nous avons vu qus ces produits étaient des fruits, seulement il devait exploiter en bon père de famille : c'est que nous dit la loi 9 *de usufructu*. Expliquons-la :

L. 9. De usufructu et quemadmodum quis utatur fruatur (Dig. VII, 1).

ULPIANUS, LIB. 17, AD EDICTUM	ULPIEN, LIV. 17, SUR L'ÉDIT
Item, si fundi ususfructus sit legatus, quidquid in fundo nascitur, quidquid indè percipi potest, ipsius fructus est : sic tamen ut boni viri arbitratu fruatur. Nam et Celsus libro octavo decimo Digestorum scribit cogi eum posse recte colere....................	De même, si l'usufruit d'un fonds a été légué, tout ce qui naît dans ce fonds, tout ce qui peut en être perçu, est un fruit de ce fonds : pourvu pourtant que la jouissance ne soit pas réputée excessive, au jugement d'un homme de bon sens. Car Celse écrit au livre 18 du Digeste que l'usufruitier peut être contraint à bien cultiver.............. ....
§ 2. Sed si lapidicinas habeat et lapidem cædere velit, vel cretifodinas habeat, vel arenas; omni-	§ 2. S'il a des carrières de pierres, de craie ou de sable, et qu'il veuille les exploiter, Sabinus dit

bus his usurum Sabinus | qu'il doit le faire comme
ait quasi bonum patrem- | un bon père de famille.
familiam. Quam senten- | Je crois que cette opinion
tiam puto veram. | est juste.

Pas de difficulté, nous sommes dans les termes du droit commun. L'usufruitier trouve des mines ou carrières en exploitation, il continue à les exploiter, rien de plus juste et de plus naturel, il use et jouit des choses comprises en son usufruit suivant le mode qui était usité avant que son droit prit naissance.

Mais que faudrait-il décider, si les mines ou carrières n'étaient découvertes qu'après l'ouverture du droit de l'usufruitier. Nous avons vu plus haut qu'elles n'en seraient pas moins soumises à l'usufruit.

« Sed si hœc metalla post usumfructum legatum » sint inventa, cum totius agri relinquatur usu- » fructus, non partium, contineantur legato. » (Loi 9, § 3. Dig. *de usufructu et quemadm.*)

S'ensuit-il pour l'usufruitier le droit de commencer l'exploitation de la mine ou de la carrière, c'est la question qu'examine Ulpien dans la loi 13 à notre titre *de usufructu quemadm.*

Dans le § 4 de cette loi, le jurisconsulte commence par poser les principes d'après lesquels on doit régler le mode de jouissance de l'usufruitier sur le fonds soumis à l'usufruit : dans les § 5 et 6, il applique ces principes généraux au cas spécial qui nous occupe, c'est-à-dire, à la question de savoir si l'usufruitier peut exploiter les mines ou carrières qu'il découvre dans le fonds soumis à son usufruit, et à quelles conditions il peut les exploiter.

L. 13. De usufructu et quemadmodum (Dig. VII, 1.)

ULPIANUS, LIB. 18, AD SABINUM

§ 4. Fructuarius causam proprietatis deteriorem facere non debet; meliorem facere potest. Et aut fundi est ususfructus legatus, et non debet neque arbores frugiferas excidere, neque villam diruere, nec quidquam facere in perniciem proprietatis. Et si fortè voluptuarium fuit prædium, viridaria, vel gestationes, vel deambulationes arboribus infructuosis opacas atque amœnas habens, non debebit dejicere, ut fortè hortos olitorios faciat, vel aliud quid, quod ad reditum spectat.

ULPIEN SUR SABINIUS, LIV. 18.

L'usufruitier ne doit pas rendre pire la condition de la chose soumise à son usufruit, il peut l'améliorer. Si c'est d'un fonds que l'usufruit lui a été légué, il ne doit ni couper les arbres fruitiers, ni détruire les bâtiments, ni rien faire, en un mot, qui amoindrisse le fonds. Et si, par hasard, il s'agit d'une propriété d'agrément renfermant de la verdure, des massifs, ou des allées d'arbres improductifs ne servant qu'à donner de l'ombre et à charmer les yeux, l'usufruitier ne devra pas couper ces arbres pour faire,

§ 5. Indè est quæsitum, an lapidicinas, vel cretifodinas, vel arenifodinas ipse instituere possit? Et ego puto etiam ipsum instituere posse, si non agri partem necessariam huic rei *occupaturus* est. Proinde venas quoque lapidicinarum, et hujusmodi metallorum inquirere poterit : Ergo et auri, et argenti, et sulphuris, et æris, et ferri, et ceterorum fodinas, vel quas paterfamilias instituit, exercere poterit. vel ipse instituere, si nihil agriculturæ nocebit. Et si fortè in hoc, quod instituit, plus reditus sit quam in vineis, vel arbustis, vel olivetis, quæ fuerunt, forsitan etiam hæc dejicere poterit, siquidem ei permittitur me-

par exemple, des jardins potagers ou quelque autre chose produisant un revenu.

§ 5. Par suite, on s'est demandé s'il pourrait ouvrir lui-même des carrières de pierres, de craie, ou de sable? Et je pense qu'il le pourra, s'il ne doit pas *occuper* (*dénaturer*) la partie du fonds nécessaire à cette exploitation. Il pourra donc rechercher les veines ou filons des carrières et des mines qui leur sont assimilées. Il pourra, pour les mines d'or, d'argent, de soufre, de cuivre, de fer ou toutes autres, soit continuer l'exploitation qui aurait été commencée par le père de famille, soit commencer lui-même une exploitation, pourvu que cela ne nuise en rien à la culture ordinaire du champ. Et si, par hasard, l'exploitation commencée par lui liorare proprietatem.

§ 6. Si tamen, quæ instituit usufructuarius, aut cælum corrompant agri, aut magnum apparatum sint desideratura, opificum forte, vel legulorum, quæ non potest sustinere proprietarius : non videbitur boni viri arbitratu frui. Sed nec ædificium quidem positurum in fundo, nisi quod ad fructum percipiendum necessarium sit.

donne un revenu plus élevé que les vignes, les arbustes, les oliviers qui existaient, peut-être aussi, pourrait-il les détruire, s'il est vrai qu'il lui soit permis d'améliorer la propriété.

§ 6. Si cependant les exploitations entreprises par l'usufruitier, ou altèrent la superficie du champ, où nécessitent une trop grande dépense de travaux de toute sorte que le propriétaire ne puisse supporter, l'usufruitier ne paraîtra pas s'être tenu dans les bornes d'une sage administration. L'usufruitier ne pourra élever aucune construction sur le fonds, hors celles nécessaires à la perception des fruits.

Reprenons notre texte :

Dans le § 4, Ulpien pose les principes généraux en matière de jouissance usufructuaire. L'usufruitier ne doit pas rendre pire la condition de la chose

soumise à l'usufruit, il peut l'améliorer. « Fructua-
» rius causam proprietatis deteriorem facere non
» debet, meliorem facere potest. » Puis, le jurisconsulte développe cette idée en nous donnant immédiatement des exemples de ce qui peut être permis
à l'usufruitier. Il ne peut détruire les bâtiments,
couper les arbres fruitiers qui pourraient exister
dans le fonds soumis à l'usufruit. Bien plus, il ne
changer la destination de ce fonds. Ainsi, a-t-il
reçu l'usufruit d'une propriété d'agrément, *prædium voluptuarium*, il ne peut en faire une propriété
de rapport, et il lui est interdit de jeter bas les
plantations d'arbres improductifs qui pourraient
s'y trouver pour les remplacer par des jardins fruitiers ou potagers, ou par quelqu'autre culture produisant un revenu. Revenant encore sur cette idée
dans les paragraphes 7 et 8, que nous n'avons pas
expliqués parce qu'ils ne sont pas de notre sujet,
Ulpien nous cite toute une série d'actes qui ne sont
pas permis à l'usufruitier, parce qu'ils sont contraires à la destination qu'avait la chose. Or, l'usu-
fruiter doit jouir sans changer la destination de la
chose, « qualitate ædium non immutata. » Ainsi,
il ne pourrait louer pour des bains publics (*ut pu-
blice lavet*), des bains se trouvant dans la maison
soumise à son usufruit et destinés seulement à
l'usage des habitants de la maison, non plus qu'il
ne pourrait louer à un meunier (*pistrino*), les écu-
ries se trouvant dans la maison, sous le prétexte
qu'il n'aurait pas de bêtes de somme à y loger.

En un mot, c'est toujours le même principe sur les applications duquel Ulpien s'étend longuement, l'usufruitier doit respecter, dans sa jouissance, la destination de la chose soumise à son usufruit. « Inde est quæsitum an lapidicinas ipse instituere » possit? » Cette restriction imposée à sa jouissance lui permettra-t-elle donc d'ouvrir des carrières dans le fonds dont il a l'usufruit? Ulpien n'hésite pas à répondre affirmativement pour le cas où cette exploitation ne change rien d'une manière irrémédiable à la superficie du champ. « Et ego » puto etiam ipsum instituere posse, si non agri » partem necessariam huic rei occupaturus est. » Et développant, le jurisconsulte nous énumère complaisamment tous les genres de mines dont l'usufruitier pourra continuer ou commencer l'exploitation, si cela ne nuit en rien à la culture qu'il a trouvée sur le fonds, « si nihil agriculturæ no- » cebit. »

Cette condition de respecter la culture du fonds équivaut, à peu près, avouons-le, à une prohibition d'exploiter, le jurisconsulte romain l'a bien compris lui-même, et, après avoir donné cette satisfaction aux principes de l'imposer par deux fois à l'usufruitier qui voudrait exploiter la mine ou la carrière se trouvant dans le fonds, Ulpien nous paraît en faire assez bon marché lui-même dans la fin du paragraphe cinq, où il nous dit sans plus se soucier du respect de la surface: « Et si forte in hoc quod » instituit, plus reditus sit quam in vineis, vel ar-

» bustis vel olivetis quæ fuerunt, forsitan etiam
» hæc dejicere poterit, siquidem ei permittitur me-
» liorare proprietatem.»«Si, dans l'exploitation qu'il
a commencée, l'usufruitier trouve un revenu plus
considérable que celui que donnaient les vignes,
les arbustes ou les oliviers existant dans le fonds,
peut-être aussi pourra-t-il les jeter bas, s'il est vrai
qu'il lui soit permis d'améliorer la propriété.» Cela
nous paraît bien quelque peu contraire aux principes qui viennent d'être posés, dans cette même
loi 13, en matière de jouissance usufructuaire, et
cette décision ne nous paraît pas concorder pleine-
ment avec celles données dans les paragraphes 4,
7, et 8, (nous en avons indiqué plus haut quelques-
unes), aussi Ulpien nous semble-t-il ne l'avoir ris-
quée qu'avec quelque timidité et nombre d'expressions dubitatives : (*et si forté plus reditus sit*, etc.
forsitan etiam hæc etc.)

Dans cette question, sans doute, il aura été guidé
par le sentiment de l'utilité qu'il y a à permettre
l'exploitation des mines, et il aura été conduit, par
cette considération prédominante, à faire fléchir
les principes que lui-même avait posés et qu'il
applique en toutes autres occasions. Car, en vérité
la raison qu'il nous donne, que cela améliore la
propriété, ne suffit pas à expliquer cette décision,
ou alors, elle suffirait aussi à permettre à l'usufruitier de changer la destination du fonds toutes les
fois qu'il en résulterait une augmentation de revenu, ce qu'Ulpien lui défend formellement et à

plusieurs reprises dans les paragraphes 7 et 8, et 4 *in fine*.

L'usufruitier pourra donc ouvrir des carrières, mais cette faculté, un peu exorbitante du droit commun, il ne pourra l'exercer si ses travaux d'extraction devaient détruire la surface du fonds ; (*Si cælum corrumpant agri.*)

Ou s'ils devaient entraîner une dépense de main d'œuvre trop considérable que le propriétaire ne puisse ensuite continuer à supporter. (*Aut magnum apparatum sint desideratura quæ non potest sustinere proprietarius.* Dans ces cas l'usufruitier n'aurait pas joui en bon père de famille en commençant l'exploitation de la mine ou de la carrière.

Nous avons terminé avec ce texte l'étude de la condition des mines chez les Romains à l'époque classique ; il nous reste à voir comment cette condition des mines en droit Romain se trouvait modifiée au temps de Justinien. C'est l'objet de notre deuxième section.

SECTION II

Époque impériale

CHAPITRE UNIQUE

A QUI APPARTENAIENT LES MINES A CETTE ÉPOQUE

Nous avons résumé en quatre propositions la législation Romaine sur les mines à l'époque classique, nous allons examiner si ces propositions se trouvent encore également vraies à l'époque impériale.

Dans nos deux premières propositions nous avons affirmé qu'à l'époque classique :

I. Toutes les carrières de pierres, de marbre ou de sable, et toutes les mines généralement quelconques étaient soumises au même régime.

II. Que toutes ces mines, de quelque nature qu'elle fussent étaient susceptibles de propriété privée.

Nous croyons qu'il n'en était plus de même au temps de Justinien.

En effet, nous trouvons, au titre XIX du Code Théodosien, diverses lois, notamment les 1er et 2e, qui semblent soumettre à un régime spécial les carrières de marbre ; ces lois accordent expressément à toutes personnes le droit d'extraire le marbre de toutes carrières.

Secandorum marmorum ex quibuscumque metallis volentibus tribuimus facultatem : ità ut qui cædere metallum atque ex eo facere quodcumque decreverint, etiam distrahendi habeant liberam voluntatem.

Nous accordons à tous ceux qui le voudront, le droit d'extraire du marbre de toutes carrières : de sorte que ceux qui voudraient tailler le marbre pour quelque ouvrage que ce soit puissent librement se livrer à l'exploitation des carrières.

Merlin (questions de droit 84) pense qu'il y avait là un régime absolument spécial aux carrières de marbre et que ce régime résultait de circonstances ou de besoins momentanés. « Constantin et Théo- » dose, auteurs des lois précitées, y consignèrent » cette disposition, nous dit Merlin pour parvenir » avec d'autant plus de facilité à l'embellissement » de Constantinople, devenue la capitale de » l'Orient. Julien la renouvela pour embellir An- » tioche dont il voulait faire une Ville de marbre. » Cette faculté qui aurait été accordée à tous les particuliers de rechercher le marbre et de l'extraire, en quelque lieu qu'il se trouvât, nous semble résulter encore de la constitution 6 au code *de Metaltariis et Mettallis.*

C. 6. De Metallariis et Metallis et procuratoribus Metallorum (Cod. XI. 6).

IMPPP. THEODOS., ARCADIUS ET HONORIUS AAA PATERNO

Quosdam operta humo esse saxa dicentes, id agere cognovimus, ut defossis in altum cuniculis, alienarum ædium fundamenta labefactent. Qua de re, si quando hujusmodi marmora sub ædificiis latere dicantur, perquirandi eadem copia denegetur.

(Datum 17, Cal., april., Constantinop., Theodose A. 3 et Abundantio coss., 393).

LES EMPEREURS THÉOD., ARCAD. ET HONOR., A PATERNUS

Nous avons appris que certaines personnes, prétendant qu'il existe des carrières cachées, percent des galeries souterraines de telle profondeur, que les fondements des bâtiments ne leur appartenant pas se trouvent ébranlés, c'est pourquoi alors même qu'ils affirmeraient qu'il se trouve des carrières de marbre sous des édifices, nous leur refuserons le droit de les y chercher.

(Donné à Constantinople, le 17 des Calendes d'avril Théodose A. et Abundantius étant consuls).

Cette constitution s'appuie sur des raisons de sécurité publique pour défendre de chercher des carrières de marbre et de les exploiter au dessous d'édifices dont on ne serait pas propriétaire, c'est donc qu'avant elle, ce genre d'exploitation était permis, et c'est donc encore, que même après notre constitution, il resta permis de rechercher et d'exploiter, dans des terrains dont on n'était pas propriétaire, les carrières de marbre qui pouvaient s'y trouver, pourvu que cela ne compromit la sûreté d'aucun édifice.

En était-il de même dès cette époque pour les autres carrièrres et pour les mines, de quelque nature qu'elles fussent, c'est une question que nous nous réservons d'examiner un peu plus loin.

Nous avons dit, en outre, qu'au temps de Justinien toutes les mines ne pouvaient pas indistinctement, comme à l'époque classique, appartenir à des particuliers; cela nous paraît résulter de l'interpolation que les rédacteurs du Digeste ont fait subir au texte d'Ulpien que nous avons expliquée plus haut. (Loi 3 § 6 et loi 5 au Dig. *de rebus eorum*). *Si lapidicinas vel quæ alia metalla etc, quod tamen privatis licet possidere, etc...* La réserve *quod tamen privatis licet possidere* n'existait pas dans le texte d'Ulpien ainsi que nous l'avons déjà fait remarquer, et le soin que les rédacteurs du Digeste ont eu de l'y intercaler, nous semble établir bien clairement que si, au temps d'Ulpien, toutes les mines de quelque nature qu'elles fussent, pouvaient appartenir à des particuliers, il n'en était plus de même au temps où l'on rédigeait le Digeste.

Il résulte en effet de différents passages de Strabon et de Tacite que les empereurs commencèrent de bonne heure à mettre la main sur les mines les plus riches, spécialement sur les mines d'or, et il est à croire que peu à peu, il s'établit que les mines d'or ne pourraient plus appartenir à des particuliers, mais les textes sont trop rares sur cette question pour qu'on puisse rien affirmer avec quelque certitude.

Nos deux autres propositions sur le régime des mines chez les Romains, à l'époque classique, étaient ainsi conçues :

III. Les mines appartenaient au propriétaire de la surface qui pouvait les exploiter librement sans avoir aucune autorisation à solliciter.

IV. Nul ne pouvait exploiter les mines se trouvant sur le terrain d'autrui sans la permission du propriétaire.

Nous croyons que ces deux propositions ont, aussi bien que les deux premières, cessé d'être absolument exactes à l'époque impériale.

A la vérité, nous ne trouvons aucun texte qui soumette à une autorisation préalable le propriétaire qui veut exploiter les mines se trouvant sur son terrain, mais nous voyons qu'il est frappé d'une contribution spéciale et qu'il est obligé à subir un certain droit de préemption du fisc sur le produit de ses mines. L'industrie minière n'est donc plus absolument libre. Nous voyons d'autre part que des constitutions impériales interviennent pour régler la redevance due au propriétaire de la superficie par ceux qui exploitent des mines dans des terrains ne leur appartenant pas : c'est donc que le propriétaire ne pouvait, comme à l'époque classique, s'opposer à ce qu'on exploitât les mines se trouvant dans son terrain.

Voici les textes auxquels nous faisons allusion :

Cons. 1 de Metallariis et metallis, etc (Cod. XI. 6)

IMPP. VALENT. ET VALENS AA, AD CRESCONEM COM. METALLORUM	LES EMPEREURS VALENTINIEN ET VALENS AA, A CRESCON, SURINTENDANT DES MINES
Perpensâ deliberatione duximus sanciendum, ut quicumque metallorum exercitium velit affluere, is labore proprio et sibi et Reipublicæ commoda comparet. Itaque, si qui sponte conduxerint, eos laudabilitas tua octonos scrupulos in balluca (quæ Græcè χρυσαμμος appellatur) cogat exsolvere. Quidquid autem amplius colligere potuerint, fisco potissimum detrahant, à	Après mûre délibération, nous avons cru devoir ordonner que quiconque se livrerait au travail des mines devrait, par son travail, servir les intérêts de l'Etat aussi bien que les siens propres. C'est pourquoi, s'il en est qui entreprennent une telle exploitation que Votre Excellence les force à payer un scrupule par huit de cette poudre d'or que les Grecs appellent

quo competentia ex largitionibus nostris pretia suscipiant.

(Datum 4 id. decemb. Parisiis Valentiniano et Valente coss., 365).

χρυσαμμος. Tout ce qu'ils pourront extraire en sus, qu'ils le vendent par préférence au fisc qui leur paiera le prix convenable sur notre trésor impérial.

(Donné à Paris, le 4 des ides de décembre, Valentinien et Valens étant consuls, 365).

Cons. 2 de Metallariis et metallis (Code XI. 6)

IDEM AD GERMANIONUM COM. S. L.

LES MÊMES EMPEREURS A GERMANIANUS, INTENDANT DU TRÉSOR IMPÉRIAL.

Ob metallicum canonem, in quo propria consuetudo retinenda est, quatuordecim uncias ballucæ pro singulis libris constat inferri.

Pour le canon ou redevance des mines, matière en laquelle il faut suivre la coutume, il est certain qu'il est dû quatorze onces par chaque livre de poudre d'or.

Datum 6 id. januar., Romæ, Lupicino et Joviano coss., 367.

(Donné le 6 des ides de janvier, à Rome, Lupicinus et Jovien étant consuls).

Cons. 3 Eodem Titulo.

IMPPP. GRATIAN, VALENT ET THEODOS, AAA, FLORO PP

Cuncti qui per privatorum loca saxorum venam laboriosis effossionibus persequuntur, decimas fisco, decimas etiam domino representent : cætero modo propriis suis desideriis vindicando.

(Dat. 4 Calend., septemb. Constantinop., Antonio et Syagrio coss., 382).

LES EMPEREURS GRATIEN, VALENTINIEN ET THÉODOSE, AAA, A FLORUS, PRÉFET DU PRÉTOIRE

Que ceux qui exploitent les mines situées dans les propriétés des particuliers soient tenus de donner un dixième du produit de leurs fouilles au fisc et un dixième au propriétaire du fonds ; pour le reste, qu'ils le gardent pour eux.

(Donné à Constantinople, le 4 des Calendes de septembre, Antonius et Syagrius étant consuls. 382).

Cons. 5. Eodem Titulo.

IMPPP. THEODOS., ARCAD. ET HONO-
RIUS AAA, ROMULO COM. S. L.

Per annos singulos septem per hominem scrupuli largitionibus inferantur ab auri legulis non solum in Pontica diocesi, verum etiam in Asiana.

(Dat. 11 Cal. mart., Constantinop., Arcadius A. 2 et Rufino coss., 392).

LES EMPEREURS THÉODOSE, ARCADIUS ET HONORIUS AAA, A ROMULUS, INTENDANT DU TRÉSOR IMPÉRIAL.

Que par chaque année et par homme, ceux qui exploitent les mines d'or soient tenus de verser sept scrupules au trésor impérial, non-seulement pour le diocèse du Pont, mais aussi pour le diocèse de l'Asie.

(Donné à Constantinople, le 11 des Calendes de mars, Arcadius A. et Rufin étant consuls).

La loi 1re pose le principe. « Après une mûre délibération » (*perpensa deliberatione*) nous avons pensé, dit l'Empereur, que la mine devait profiter à l'Etat en même temps qu'elle profite au particulier qui l'exploite. C'est la raison de l'utilité publique qui est seule invoquée, c'est la raison d'Etat dans toute sa franchise. L'Empereur comprend quelle ressource il y là pour lui, il le proclame et s'attribue, d'abord un certain prélévement sur le produit de la mine, ensuite un droit de préemption sur ce qui reste après le prélévement opéré,

Les lois 2 et 5 parlent de nouveau de la redevance due à l'Etat et semblent nous indiquer que cette redevance variait suivant les diocèses, et peut-être, suivant la nature des mines; chacune de ces constitutions répète, avec une nouvelle force, l'affirmation que toute mine doit une redevance à l'Etat.

Le principe est donc certain.

La mine étant ainsi devenue une source de revenus pour l'Empereur, c'était désormais un intérêt de premier ordre pour le Trésor public, qu'aucune mine ne restât inconnue, qu'aucune mine ne restât sans être l'objet d'une exploitation. De là à donner à toute personne le droit de rechercher les mines et de les exploiter, même dans le fonds d'autrui, il n'y avait qu'un pas, et la const. 3 de notre titre nous montre que ce pas avait été franchi assez rapidement. Nous ne pouvons dire au juste à quel moment eût lieu cet empiétement sur le droit du propriétaire du fonds, mais il était consommé alors que Gratien, Valentinien et Théodose publiaient la constitution 3. de notre titre, *cuncti qui per privatorum*, puisqu'elle a précisément pour but de règlementer l'indemnité due en ce cas par l'exploitant au propriétaire du fonds. Cette indemnité est fixée précisément à la même quotité que la redevance prélevée par l'Etat, *decimas fisco, decimas etiam domino representent* : l'Etat s'attribue un dixième, et il accorde quotité égale au propriétaire du fonds, c'est bien là, croyons-nous, qu'il faut reconnaître l'origine du droit, dit Régalien, sur les mines.

Qu'est-ce en effet que ce droit? M. Migneron inspecteur général des mines, le résume dans la triple attribution qu'il confére au prince :

« 1º De régler la destination de la propriété sou-
» terraine, en d'autres termes de pourvoir du privi-
» lège de l'exploiter, les personnes qui pourront le
» mieux la mettre en valeur.

» 2º D'en surveiller l'exploitation dans ses rapports
» avec l'ordre public, avec la conservation du sol et
» avec la sûreté des ouvriers mineurs.

» 3º De percevoir un certain tribut sur les pro-
» duits qu'en obtient l'exploitant. »

De ces trois attributions, la première est la seule dont les empereurs Romains ne fussent pas en pleine possession. Sous le régime du Code de Justinien, en effet, ils n'avaient point encore songé, du moins cela ne résulte d'aucun texte, ils n'avaient point encore songé, disons-nous, à donner des concessions de mines, mais au point de vue du droit du propriétaire, c'était la même chose puisqu'il était permis à toute personne de rechercher et d'exploiter des mines dans le terrain d'autrui sous la seule condition de payer un dixième au fisc, un dixième au propriétaire du fonds.

Qu'était-ce donc que cette indemnité ainsi attribuée au propriétaire du fonds, et que représentait-elle ?

Etait-ce un loyer? C'est-à-dire, le propriétaire du

fonds est-il considéré comme propriétaire de la mine ou de la carrière, et l'exploitant n'est-il qu'un fermier? Nous croyons qu'il faut répondre par la négative.

En effet, la redevance due au propriétaire du fonds est précisément la même que celle revendiquée par l'Etat, et celui-ci n'a point la prétention d'être propriétaire de la mine. Cette assimilation du droit de l'Etat et du droit du propriétaire du fonds nous ôte toute idée que l'un ou l'autre des deux puisse être considéré comme propriétaire de la mine.

De plus, cette redevance d'un dixième serait bien faible pour avoir le caractère d'un loyer.

Ne pourrait-on point la considérer plutôt comme une sorte d'indemnité payée au propriétaire du fonds pour l'espèce d'expropriation qu'il subit par le fait de l'exploitation d'une mine se trouvant sur son terrain, et ne pourrait-on voir là le germe de la distinction moderne entre la propriété de la mine et la propriété de la surface? A cette époque, l'industrie minière commençait à prendre un développement considérable, il ne s'agissait plus seulement, comme dans l'ancien droit Romain, de quelques carrières exploitées à ciel ouvert, ou par des galeries peu profondes, le législateur se trouvait déjà en présence d'exploitations très-importantes, et sans doute déjà, le besoin s'était fait sentir de ne pas laisser la propriété des mines suivre dans toutes ses divisions, le plus souvent excessives, la propriété de la superficie; n'est-il pas probable qu'on aura cherché à remédier aux inconvénients d'une semblable division de la propriété souterraine en permettant de suivre sous le terrain d'autrui une exploitation commencée dans son terrain à soi ou dans un terrain dont le propriétaire aurait autorisé les fouilles. Il semble, en effet, que sauf le cas, prévu en la constitution 6, plus haut expliquée, où les travaux d'extraction compromettent des édifices n'appartenant pas à celui qui exploite la mine, il semble, disons-nous, que hors ce cas, l'exploitant avait droit d'entrer dans le sous-sol d'autrui, même sans l'agrément du propriétaire, à la seule condition de lui payer la redevance du dixième. Cela résulte par *a contrario*, et bien évidemment, suivant nous, de cette constitution 6. *Quosdam operta humo*, etc. Une seule objection est possible contre cette argumentation. C'est que la constitution 6 ne s'appliquerait qu'aux carrières de marbre qui, seules, sont visées par le texte.

Il semble bien, en vérité, que les carrières de marbre aient été quelque temps soumises à un régime spécial, et Merlin, dont c'était l'opinion, attribue cette singularité au besoin que les empereurs auraint éprouvé de se procurer de grandes quantités de marbre pour bâtir Constantinople, Antioche et quelques autres villes, mais nous croyons que ce régime exceptionnel des carrières de marbre fut essentiellement transitoire, et les nombreux textes que les rédacteurs du Digeste ont laissés subsister sans les corriger, nous permettent de penser qu'au temps de Justinien toute différence de régime avait disparu entre les carrières de marbre et les mines de quelque matière qu'elles fussent.

D'ailleurs on peut affirmer, avec toute vraisemblance, que si les carrières de marbre ont continué à être soumises à un régime spécial, ce régime devait être plus sévère que celui de droit commun quant aux permissions d'exploitation à accorder dans des terrains dont l'exploitant n'était pas propriétaire. Les carrières, en effet, s'exploitant le plus souvent à ciel ouvert, ou par des galeries peu profondes, ne sont pas susceptibles au même degré que les mines, exploitées, elles, à grande profondeur, d'être distinguées de la propriété de la superficie et si, hors certains cas comme celui spécifié en notre constitution 6, les Romains permettaient de les exploiter dans le terrain d'autrui, même sans le consentement du propriétaire, à plus forte raison devaien-ils permettre d'exploiter ainsi les mines proprement dites.

Il résulte de tout ce qui précède, qu'il y a de grandes raisons de considérer que le droit, dit *Régalien*, sur les mines, a pris naissance sous les empereurs, et qu'au dernier état de la législation Romaine, il était arrivé à remplacer peu à peu le système ancien du droit Romain, qui laissait la mine appartenir au propriétaire de la superficie.

Il serait difficile pourtant, sinon impossible, d'appuyer cette opinion de textes ou d'arguments irréfutables, et l'on ne saurait ne pas s'étonner que les propriétaires aient été ainsi dépouillés par l'Etat d'un droit qui leur appartenait sans conteste dans le premier état de la législation, sans qu'aucun acte législatif formel soit intervenu pour prononcer et consacrer cette confiscation, ou plutôt cette restriction imposée à la propriété, dans un but d'utilité fiscale plus encore que d'utilité générale. Aussi, à ce droit éminent de l'Etat sur les mines, que nous constatons au temps des Empereurs, serions-nous tenté de chercher une autre explication qu'un changement de législation aussi radical que celui que nous venons de dire, et qui n'était point, on le sait, dans les mœurs Romaines, respectueuses observatrices des traditions et des principes anciens.

Chez les Romains, on s'en souvient, les seuls fonds susceptibles de la pleine propriété quiritaire, du *dominium ex jure quiritium* étaient les fonds de l'*ager Romanus*, aux premiers temps du droit, et ensuite, après la guerre sociale, les fonds dits du sol italique. Dans ces fonds seulement, le propriétaire était véritablement *dominus*, dans ces fonds là seulement il avait la plénitude de la propriété.

Dans les provinces, au contraire, le sol avait pour véritable *dominus*, le peuple Romain, et les particuliers ne pouvaient en être que des *possessores*, des détenteurs, reconnaissant un droit supépérieur au leur, le droit de l'Etat, au moyen du paiement de l'impôt, *tributum ou stipendium*; l'impôt, en effet, chez les Romains n'avait pas, comme chez nous, le caractère d'une participation du citoyen aux charges de l'Etat, l'impôt pour eux était le signe de la conquête subie, c'était une redevance recognitive de la concession des terres consentie par le peuple Romain après la conquête qu'il en avait faite. Ne pourrions-nous trouver dans cet état de choses l'explication de l'antinomie qui semble exister entre les textes sur les mines qui sont au Digeste et ceux qui se trouvent au Code.

Les premiers s'appliqueraient principalement à des mines ou carrières se trouvant sur le sol italique, et les autres, à des mines ou carrières se trouvant dans des fonds provinciaux, et frappés, par suite, du droit de *dominium* du peuple Romain.

Dès lors, tout s'expliquerait.

Pour les mines se trouvant dans les fonds italiques, le droit du propriétaire du sol, maître absolu, *dominus ex jure quiritium*, ne souffrait aucune restriction : ces richesses du tréfonds étaient la chose du propriétaire de la superficie, au même titre et dans la même étendue que la superficie elle-même, et que les couches du sol qui s'en trouvaient le plus rapprochées. Les unes et les autres étaient également, et avec la même énergie, frappées de ce droit de propriété, le plus absolu qu'aucune législation ait consacré jusqu'à présent, et comme conséquence, nul autre que le maître de la superficie ne pouvait exploiter les richesses minérales du tréfonds, de même que nul que lui, ou son ayant-cause, ne pouvait cultiver la superficie. Telles sont bien les décisions que nous trouvons enregistrées au Digeste.

Pour les mines du fonds provincial, au contraire, il est permis de supposer qu'elles n'étaient pas considérées comme ayant été concédées en même temps que la superficie par le peuple romain, seul maître absolu, seul *dominus ex jure quiritium* du sol des provinces ; d'où il résultait qu'elles étaient toujours à la disposition de l'Etat qui pouvait en régler et concéder l'exploitation d'une manière souveraine, sans avoir à tenir aucun compte du possesseur de la superficie, si ce n'est pour lui accorder en quelque sorte, à titre gracieux, un certain droit sur le produit des mines auquel il n'eût pu aucunement prétendre en vertu de sa concession.

Cette manière d'expliquer les décisions que nous trouvons au Code est assez plausible et satisfaisante, mais il faut reconnaître qu'elle est infirmée dans une certaine mesure par l'expression *dominus* que nous trouvons dans la const. 3 plus haut expliquée. *Dominus* dans la langue exacte du droit romain, ce n'est pas le possesseur de fonds provinciaux, c'est le propriétaire dans toute l'acception du mot, le *dominus ex jure quiritium*. Cette objection est assurément grave et sérieuse, peut-être pourtant pourrait-on y répondre, que la langue des constitutions du Code, n'a plus la précision de la langue juridique des jurisconsultes de l'époque classique, et peut-être aussi pourrait-on ajouter que la distinction entre les fonds italiques et les fonds provinciaux, tout en pouvant rester la clef de certaines décisions en apparence contradictoires, devait être assez effacée dans les relations quotidiennes de la vie juridique pour que la langue des praticiens n'en tînt plus aucun compte.

Quoi qu'il en soit de ces différentes explications des décisions du Code sur la propriété des mines, elles sont trop également vraisemblables et nous n'avons pas de textes assez précis et décisifs pour que nous prenions parti dans un sens ou dans l'autre. Aussi croyons-nous devoir nous contenter d'avoir posé la question, et n'osons-nous avoir la prétention de la résoudre.

DE LA PROPRIÉTÉ DES MINES

DANS L'ANCIEN DROIT FRANÇAIS ET DANS LA LÉGISLATION INTERMÉDIAIRE

Cette deuxième partie de notre travail comprendra deux sections : la première, consacrée à l'étude des règles sur la propriété des mines dans la legislation française antérieure à 1791 ;

La seconde consacrée uniquement à l'étude de la législation qui a précédé immédiatement celle actuelle, c'est-à-dire, à l'étude de la loi 28 juillet 1791

SECTION PREMIÈRE

DE LA PROPRIÉTÉ DES MINES

DANS L'ANCIEN DROIT FRANÇAIS

La propriété des mines dans l'ancien droit français paraît avoir été soumise successivement, suivant les époques, à quatre régimes bien distincts.

Dans la première époque, qui commence aux temps les plus reculés de notre histoire pour finir sous Henri II, la propriété du tréfonds suit la propriété de la surface, et la liberté d'exploitation des mines est complète et sans entraves, sauf l'obligation pour l'exploitant de payer l'impôt du dixième au trésor royal.

A la deuxième époque, qui date des lettres patentes de Henri II de septembre 1548, l'autorité royale s'arroge le droit de disposer des mines au nom de l'intérêt général, et elle en concède à un particulier l'exploitation à titre de monopole. Le droit du propriétaire de la superficie est absolument passé sous silence.

Dans le troisième état du droit, au contraire, celui créé par l'édit de Henri IV, de juin 1601, nous constatons une réaction en faveur du propriétaire de la surface. A la vérité, pas plus qu'aucun autre particulier, il ne peut exploiter sans une autorisation du Grand-Maître des mines, mais c'est à lui, de préférence à tous autres, que devra être accordée, s'il la demande, cette concession de l'exploitation de la mine. Toutefois il n'est toujours question d'aucune indmnité à son profit, au cas où l'exploitation est concédée à un autre.

Le quatrième régime enfin, celui résultant de l'édit du Régent de février 1722, nous ramène, ou à peu près, au monopole créé par l'ordonnance de 1548, avec cette différence que, cette fois, c'est à une compagnie, et non plus à un seul titulaire, qu'est confiée l'exploitation de toutes les mines du royaume. Le roi réserve toutefois à son Grand-Maître des mines le droit d'accorder des concessions hors d'un certain rayon des mines ouvertes par la compagnie pourvue d'un monopole.

Reprenons en détail l'étude de ces divers régimes de la propriété des mines.

CHAPITRE PREMIER

PREMIÈRE ÉPOQUE. — *Finissant à l'ordonnance de septembre* 1548.

Durant cette époque, ainsi que nous l'avons dit, tout propriétaire de la surface est en même temps propriétaire de la mine.

En conséquence, tout propriétaire foncier a liberté pleine et entière d'ouvrir des mines dans son fonds et de les exploiter à sa guise. La seule réserve ou condition imposée à cette exploitation est l'obligation de payer au roi l'impôt du dixième qui paraît être l'impôt romain passé dans notre droit. (La domination barbare, on le sait, eut soin en se substituant à l'administration romaine, de conserver la plupart des impôts que cette dernière avait créés.)

Dans cette obligation de payer au roi l'impôt du dixième, quelques auteurs ont voulu trouver la preuve d'un droit de propriété du roi sur toutes les mines du royaume. Leur prétention nous paraît peu fondée : pour lui donner quelque apparence de vérité, il faudrait que ces auteurs prouvassent préalablement que l'impôt de l'ancien droit français n'est pas l'impôt romain du 10e : or, en présence de l'identité de quotité, et si l'on se rappelle comment la plupart des impôts romains passèrent dans notre ancien droit, cette preuve ne paraît pas facile à faire.

Ce système, qui attribue au roi la propriété des mines, est d'ailleurs absolument détruit par les termes du premier des édits royaux qui ait traité de la matière, l'édit de Charles VI du 30 mai 1413.

Le but principal de cet acte du pouvoir royal était de protéger les *maîtres* et exploitants de mines contre les prétentions des divers seigneurs « tant » d'église comme séculiers qui ont juridiction » haultes, moyennes et basses és territoires esquelles les dites mines sont assises. »

Ces seigneurs voulaient et s'efforçaient, dit l'ordonnance, « d'avoir en icelles mines la dixième partie purifiée, comme nous à qui seul et non à autres » elle appartient de plain droit, comme dit est, » laquelle chose est contre raison, les droicts et prééminences royaux de la couronne de France et » de la chose publique : car s'il y avait plusieurs » seigneurs prenant la dixième partie, ou autre » droit, nul ne ferait plus ouvrer en icelles mines » d'oresenavant, pour ce que *ceulx à qui sont* » les dités les mines n'euraient que très peu ou » néant de prouffit de demourant. »

L'ordonnance décida que ce droit du dixième n'appartiendrait plus désormais qu'au roi à cause de ses « *droicts et majesté royaux*, pour ce et afin » que d'oresenavant les marchands et *maîtres de* » *traffons* des mines qui font ouvrer.... puissent » ouvrer continuellement, sans être empeschés ni » troublés en leur ouvraige. »

La pensée dominante, on le voit, de ce document exceptionnellement important puisqu'il est le premier qui traite de la matière, c'est que le roi n'a droit au dixième qu'à cause de sa *souveraineté et majesté royale*, et que les mines appartiennent *au maître du traffon*.

Souveraineté, en effet, n'est pas *propriété*, et c'est peut-être la confusion entre ces deux mots qui a causé la méprise et fait toute la base du système que nous combattons.

D'autres auteurs ont voulu distinguer entre les métaux, et, tout en reconnaissant que le roi n'était pas propriétaire des mines en général, ils ont soutenu qu'il était propriétaire des mines d'or, dont il est à remarquer, en effet, que les lettres patentes Charles VI ne font aucune mention.

Ce système intermédiaire repose sur un texte des établissements de saint Louis qui porte que : « for- » tune d'or trouvée en terre appartient au roi ; for- » tune d'argent au baron, »

Et sur la reproduction exacte de ce texte dans les coutumes d'Anjou et du Maine.

Nous ne pouvons davantage admettre ce système,

car il nous semble certain que les textes qu'il invoque ne s'appliquent qu'aux trésors et nullement aux mines. Les mines d'or ou d'argent ne nous paraissent en aucune manière avoir été soumises à un régime différent des autres mines, et nous trouvons la confirmation de cette manière de voir dans un texte de Domat ainsi conçu :

« On peut mettre au nombre des fonds que les
» particuliers ne peuvent posséder de plein droit,
» ceux où se trouvent des mines *d'or, d'argent*
» *ou d'autres métaux* sur lesquels le prince a son
» droit. »

Le droit du propriétaire du tréfonds resta plein et entier jusqu'au règne de Louis XI, mais sous ce roi, la considération de l'intérêt général devenant de plus en plus prédominante, on commença à comprendre combien il importait à l'État que les mines fussent exploitées, et l'ordonnance de Montilz-lès-Tours de septembre 1471, vint pourvoir à cet intérêt d'ordre public.

Les trois premiers articles étaient destinés a encourager, autant que possible, la recherche et l'exploitation des mines, et dans ce but, ils édictaient divers priviléges au profit des mineurs français ou étrangers, mais les articles qui nous intéressent spécialement sont les art. 4 et suivants.

L'art. 4 faisait commandement à tous ceux ayant connaissance qu'il existait des mines en leurs territoires et héritages, de les venir dénoncer, dans les 40 jours, au Grand-Maître des mines ou à son lieutenant ; faute de quoi, ils étaient punis de la perte du profit qu'ils en auraient pu tirer pendant 10 ans, ou encore d'une amende telle que le maître des mines aviserait.

Cette dénonciation faite, le *dénonciateur* avait faculté, s'il le voulait, d'entreprendre la conduite de « besongner ès dites mines et d'y faire ce qui appar- » tenait par l'avis et délibération du général maître » pourvu que ce dénonciateur fut récéant ou suffi- » sant par réputation pour le pouvoir faire ou con- » duire : » il avait trois mois pour commencer les travaux (art. 5). Et si aucun de ceux à qui appar- tenait le territoire où se trouvait la mine n'était *assez riche et puissant* pour en entreprendre ou conduire l'exploitation, ou s'il ne lui convenait pas de le faire, ou encore s'il n'avait pas obéi à la pres- cription de l'art. 4 et fait la dénonciation dans le délai voulu, le maître général des mines pouvait, « SAULVE l'indemnité de celui ou de ceux auxquels » appartiendra le territoire, » faire reconnaître la mine, voir si elle était susceptible d'exploitation, et, en ce cas, « faire manœuvrer et besongner ès dites » mines et les bailler à gens récéants et solvables, » tels qu'ils adviseraient être à faire, pour les faire » profiter au mieux que possible serait, en *nous* » *payant notre dixième pour le droit de notre* SOU- » VERAINETÉ. »

Toutefois, avant que le général maître des mines put les « faire manœuvrer et besongner par gens » récéants et solvables » à son choix, il était une

personne à qui l'ordonnance permettait de se mettre aux lieu et place du propriétaire du sol pour
exploiter la mine, c'était » le seigneur féodal ou
» souverain à qui était ledit territoire. » Il avait,
au cas où *ceux à qui étaient lesdits terrains n'y voulaient ou pouvaient besongner*, la faculté, de par
l'art. 7, de prendre la « charge de conduire le dict
» ouvraige et manœuvre desdictes comme eût pu
» faire celui à qui était ledict territoire, » et il avait
trois mois, après les quarante jours de l'art. 4,
pour requérir « d'être subrogé en la place et au
» droit touchant lesdictes mines de son vassal et
» sujet. »

Et c'était seulement après que le seigneur féodal
ou suzerain avait négligé, lui aussi, de revendiquer
et de commencer l'exploitation de la mine, que le
maître général des mines pouvait décidément les
faire *besongner* et exploiter par gens *récéants* et
solvables à son choix.

L'ordonnance dont nous venons de rapporter les
principales dispositions, peut donc être considérée
comme préparant la transition entre la première
et la deuxième époque. En effet, elle continue à
reconnaître et à respecter dans une certaine mesure
le droit du propriétaire de la surface, et pourtant
elle est écrite sous l'empire évident de cette idée
que c'est une question d'utilité publique, un intérêt de premier ordre pour l'état, que toutes les
mines existant dans le royaume soient connues et
qu'elles soient exploitées de la manière la plus

avantageuse et par les gens les plus capables de mener à bien l'exploitation.

Le droit du propriétaire de la surface est reconnu et respecté dans une certaine mesure, en ce sens que c'est à ce propriétaire, s'il est *récéant* et solvable, que sera maintenue la faculté de besongner et exploiter la mine, et que, au cas où l'exploitation est accordée à un autre, l'ordonnance stipule à son profit, le principe d'une *indemnité* à fixer par le maître général des mines.

Mais, en même temps, il est pourvu à l'exploitation de la mine par trois autres mesures principales :

1º Obligation de dénoncer l'existence de la mine dans les quarante jours de sa découverte ;

2º Obligation pour le propriétaire de la surface, s'il est jugé capable d'exploiter, ou à son défaut, pour le seigneur suzerain ou féodal, de commencer l'exploitation dans les trois mois de la dénonciation ;

3º Droit pour le roi, si la mine n'est pas dénoncée dans le délai voulu, ou si, la dénonciation faite, la mine n'est exploitée ni par le propriétaire ni par le seigneur féodal, d'en concéder l'exploitation au profit de la personne qui sera jugée par lui la plus apte à bien exploiter, mais en ce cas, réserve d'une indemnité au profit du propriétaire de la surface.

Cette ordonnance autorisait, en outre, la recherche des mines par tout le royaume, avec cette réserve toutefois, résultant de l'arrêt d'enregistrement § 10, que les recherches ne pourraient avoir lieu sur les champs mis en culture ni dans les enclos attenant aux habitations.

Ces dispositions étaient encore suffisamment conservatrices de la propriété des maîtres de la surface, mais nous voyons que, dès le règne de Louis XI, on commence à en tenir peu de compte et à s'acheminer peu à peu vers le système accordant au Roi la faculté illimitée de disposer des mines (Ordonnance de Plessis-lès-Tours, avril 1483). Charles VIII marche dans la même voie (Ordonnance de Beaugency, novembre 1483).

Et il en est de même de Louis XI et de François Ier, qui non-seulement autorisent les recherches, mais encore les encouragent et les protègent par des dispositions exorbitantes du droit commun, telles que, défense faite d'ouvrir aucune mine dans un certain rayon des exploitations, obligation pour le propriétaire de la surface de fournir *voie, chemin bois, rivière*, nécessaire à l'exploitation des mines, etc. (Ordonnances de juillet 1514 et de 1515).

Quant à la juridiction, les mines relevaient, jusqu'à Louis XI, du général des monnaies, mais l'Ordonnance de Montilz-les-Tours créa un pouvoir nouveau, chargé spécialement de connaître de toutes les questions relatives à la concession et à l'exploitation des mines : cette juridiction nouvelle, à laquelle les mines se trouvèrent dès lors soumises, est celle du *général maître des mines*. C'est à ce fonctionnaire que devaient être faites les *dénoncia-tions* de mines, c'est lui qui jugeait de l'aptitude du propriétaire de la superficie à bien exploiter la mine, et c'est lui qui, à défaut d'exploitation par le maître de la superficie ou le seigneur féodal, choisis-sait les gens *récéans et solvables* à qui il y avait lieu de concéder l'exploitation. C'était le général maître des mines enfin, qui percevait l'impôt du 10me, et nous voyons que le roi ne tarde pas à renoncer en sa faveur au produit de cet impôt (Ordonnance de Montilz-les-Tours).

CHAPITRE II

DEUXIÈME ÉPOQUE (de 1548 à 1601)

Les lettres patentes de Henri II du dernier sep-tembre 1548 marquent la fin de l'évolution dont nous avons signalé le début sous Louis XI. Du système qui laissait les mines appartenir au maître de la surface, nous sommes arrivés, peu à peu et insen-siblement, au droit absolu pour le souverain de dis-poser des mines du Royaume.

Voici les termes de cette déclaration :

« Déclaration de Henri II du dernier septembre
» 1548, enregistrée en la Cour des monnaies en
» mai 1555,

« Henry, etc.

« Comme notre amé et féal Jehan, François de
» la Roque, chevalier sieur de Roberval, nous ait
» remontré, etc. etc.

« I. Audit de la Roque seul avons, pour le temps
» de neuf ans continuels et consécutifs, à compter
» du jour et date de ces présentes, permis et octroyé
» et de nos certaine science, pleine puissance et
» autorité royale, permettons et octroyons ouvrir,
» profonder et chercher, ou par ses associés et com-
» mis, faire profonder, chercher et ouvrir toutes
» et chacunes les mines, minières et substances
» terrestres tant métalliques que autres, précieuses
» ou non précieuses, et de toutes autres choses qu'il
» pourra trouver en toutes et chacunes les terres de
» notre dit royaume, païs, terres et seigneuries de
» notre obéissance. »

Il n'est plus aucunement question, on le voit, du
droit du propriétaire de la surface ou de celui du seigneur féodal. Plus de préférence pour eux dans la
concession de l'exploitation, plus d'indemnité. De
par l'autorité royale, toutes les mines qui seront
découvertes pendant neuf ans dans le royaume de
France, ou les possessions ultramontaines, appartiendront au sieur de Roberval. La seule réserve
qui lui soit imposée, c'est de ne point exproprier les
maîtres des mines qui auront reçu du roi actuel ou
de ses prédécesseurs, congé d'exploitation, à condition que le droit du dixième aura toujours été

régulièrement payé. Quant aux autres mines, le concessionnaire pourra s'en emparer, et il ne devra pour cela qu'une indemnité réglée sur la *valeur de la terre et non des mines y étant.*

Sous l'empire de ces règles nouvelles, il faut le reconnaître, la propriété du maître de la surface est complétement sacrifiée, et c'est l'Etat qui doit être considéré comme étant le seul véritable propriétaire des mines.

La considération qui domine est celle de l'utilité qu'il y a pour l'Etat à ce que les mines soient exploitées le plus possible et le mieux possible : c'est à ce but que tendent toutes les dispositions de la nouvelle législation, et nous voyons que pour encourager encore la recherche et l'exploitation des mines, Henri II renonce pour cinq ans à la perception de son droit du dixième.

En revanche, il crée un droit nouveau sur les mines, c'est un droit d'un *quarantième* au profit du seigneur justicier.

Il est difficile de trouver les motifs et d'expliquer la nature de cette redevance au profit des seigneurs, à qui jusque là, tout droit d'aucune sorte avait toujours été refusé énergiquement par la royauté. (Ordonnance de 1413 eût de 1471).

Il est à croire qu'il y eût là une sorte de transaction, destinée à obtenir des seigneurs la renonciation au droit du 10e auquel ils ont prétendu si longtemps.

Le système introduit par les lettres patentes que

nous venons de citer, fut continué par les succes-seurs d'Henri II.

Déjà lui-même, en 1556, avait donné la survivance du sieur de Roberval au sieur de St Jullien, que M. de Roberval s'était adjoint comme associé.

Cette concession fut confirmée par François II, suivant lettres patentes données à Fontainebleau en 1561 ;

Et par Charles IX, suivant lettres patentes de 1561, 1562 et 1563, aux termes desquelles M. de St Jullien est maintenu en sa qualité de seul exploi-tant des mines, ayant seul droit au 10e, à l'exclu-sion de tous seigneurs qui voudraient y prétendre.

Le privilége de M. de St Jullien, résigné par lui en 1568, fut alors concédé, par lettres patentes de Charles IX, à un sieur Vidal, à qui il fut confirmé par lettres patentes de Henri III de 1569.

Ni l'une ni l'autre de ces ordonnances ne fait mention d'aucun droit de préférence ou d'indem-nité pour les propriétaires de la surface.

CHAPITRE III

TROISIÈME ÉPOQUE. (de 1601 à 1722)

La mise à néant des droits du propriétaire de la surface n'a rien qui doive nous étonner beaucoup en l'époque troublée à laquelle correspond la pério-de que nous avons étudiée dans notre chapitre précédent. Mais la paix se rétablissant en France, et la justice reprenant quelques droits, il était naturel qu'on songeât à revenir à un système un peu plus respectueux de la propriété privée. Ce fut l'objet de l'édit de Henri IV, de juin 1601, enregistré au parlement de Paris le 3 avril 1602. Aux termes de cet édit, l'obtention d'une concession est toujours nécessaire pour qu'il puisse être procédé à l'exploitation d'une mine (art. 18). Mais les propriétaires des terrains en lesquels se trouveront les mines pourront les ouvrir et les exploiter de préférence à tous autres à la seule charge de *prendre règlement* du grand maître (art. 22).

En revanche si le propriétaire du terrain n'exploite pas la mine se trouvant en son terrain, nous ne voyons pas qu'il soit question d'aucune indemnité pour lui à raison de la concession de cette mine faite à un autre que lui.

Une disposition capitale de cet édit est celle de l'article 21. Jusqu'alors, les concessions de mines avaient eu un caractère de précarité qui ne laissait aucune sécurité aux concessionnaires, toujours sous le coup d'une révocation de concession, Henri IV a compris combien cette situation, si fâcheuse pour les exploitants, pouvait entraver la bonne exploitation des mines considérée comme si nécessaire à l'Etat, et il a remédié à cet état de choses par l'art. 21 qui est ainsi conçu :

Edit de juin 1601 donné à Fontainebleau, enregistré au Parlement de Paris, le 3 avril 1602.

ARTICLE 21

« Et afin que les mines et minières puissent être
» prises par toutes personnes qui en auront la
» volonté et avec toutes les assurances requises,
» nous avons dit et déclaré, disons et déclarons
» qu'ils ne pourront être dépossédés, ni leurs asso-
» ciés, successeurs et ayant-cause, des mines qu'ils
» travailleront ou feront travailler sans disconti-
» nuation, en payant et satisfaisant par eux aux
» conditions de leurs contrats et règlements qui
» leur auront été baillés par ledit grand maître. »

La propriété des mines, on le voit, est consacrée
et déclarée inviolable à l'égal de la propriété ordinaire. Il est fait réserve d'un seul cas de révoca-
bilité, c'est celui de non exploitation, et la révocation, en ce cas, n'est guère que l'application du
droit commun. La concession, en effet, n'a lieu
qu'à charge, pour le concessionnaire, d'exploiter et
d'exploiter le mieux possible. Si donc il n'exploite
pas, il manque à son contrat, et il est naturel qu'il
perde sa concession, pour inexécution des conditions sous lesquelles il l'a reçue.

Ce même Edit de 1601 contient création d'un
corps spécial, chargé de délivrer les concessions de
mines, de surveiller les exploitations et de percevoir les redevances. A la tête de ce corps est placé
un grand maître des mines. Au-dessous de lui, un

contrôleur général, un receveur général et de nombreux officiers.

L'Edit fut complété en 1604 par un arrêt du conseil, qui régla quelques points secondaires laissés dans l'obscurité par l'Edit ; mais, en somme, il est resté jusqu'en 1722 la loi fondamentale des mines dans le royaume de France.

CHAPITRE IV

QUATRIÈME PÉRIODE (De 1722 à 1791).

L'Ordonnance de 1722, qui remplace comme loi générale l'Edit de 1601, n'est guère qu'un retour au régime créé par les lettres patentes de Henri II de 1548 ; seulement, ce n'est plus à un individu qu'elle donne le monopole, elle en dispose au profit d'une compagnie. En outre, elle maintient un grand maître des mines, le duc de Bourbon, et c'est à lui seul qu'elle accorde les priviléges de juridiction que le roi Henri II avait donnés au concessionnaire institué par lui, M. de Roberval.

Voici les deux articles principaux de cette ordonnance ;

Edit de Louis XV (Régence du duc d'Orléans).

Paris février 1722, Enreg. au parlement de Paris le 21 mai 1722,

Louis, etc., sur ce qui nous fut représenté, etc.

ARTICLE 1

« Nous avons, par ce présent édit, établi et éta-
» blissons une compagnie pour travailler les mines
» de notre royaume, ainsi qu'il sera dit ci-après,
» sous le nom de Jean Galabin, sieur du Jonquier ;
» et en conséquence, nous avons accordé et accordons
» à ladite compagnie toutes les mines et minières
» qui seront dans l'étendue de notre royaume, pays,
» terres et seigneuries de notre obéissance, soit d'or,
» d'argent, cuivre, plomb, étain, antimoine, vif ar-
» gent, alun, azur, vitriol, vernis, soufre, et généra-
» lement de tous métaux, minéraux et demi miné-
» raux, à l'exception des mines de fer et autres,
» qu'il est porté par les ordonnances des rois nos
» précédécesseurs, pour les faire ouvrir, fouiller,
» travailler, tirer les matières qu'elles contiennent,
» les faire fondre, purifier et affiner, comme à elle
» appartenant, pendant le temps et espace de trente
» années, à compter du jour de l'enregistrement du
» présent édit, révoquant à cet effet toutes les per-
» missions ou concessions qui ont été données par
» nous ou par les rois nos prodécesseurs, dont les
» établissements ne se trouveront pas faits au jour
» de l'enregistrement du présent édit, suivant les
» ordonnances et règlements concernant les mines
» et minières de notre royaume.

ARTICLE 2

« Dans la vue d'exciter l'émulation entre nos sujets
» par les travaux desdites mines, nous réservons à
» notre dit cousin le duc de Bourbon, et à ses suc-
» cesseurs, le droit d'accorder telle concession qu'il
» jugera à propos pour l'ouverture des mines, à la
» charge néanmoins que ces permissions ne pour-
» ront être accordées qu'à six lieues de celles qui
» auront été ouvertes par ladite compagnies.

(Le duc de Bourbon avait été pourvu antérieurement de la charge de grand maître et surintendant
des mines et minières de tout le royaume.)

On le voit, toutes les mines du royaume sont
accordées à la compagnie, comme en 1543 elles l'a-
vaient été au sieur de Roberval, toutefois le roi
réserve au grand maître le droit de concession pour
l'avenir, sous la réserve de n'en accorder aucune
dans un rayon de six lieues des mines exploitées
par la compagnie.

L'ordonnance édicte en outre une série d'avanta-
ges considérables en faveur de la compagnie concessionnaire :

1° Dispense complète et absolue du droit de souveraineté du dixième pendant toute la durée de la
concession, et même droit pour la compagnie de
percevoir à son profit le droit du 10e sur toutes les
mines à ouvrir ou déjà ouvertes, auxquelles le roi
n'en aura pas fait remise ;

2° Les cuivres que la compagnie extraira des Pyrénées seront achetés par l'Etat à certaines conditions fixées à l'avance ;

3° On pourra faire partie de cette compagnie sans déroger à la noblesse, et même les services rendus dans les mines pourront être une manière de l'acquérir ;

4° Le Roi s'engage à fournir à la compagnie une certaine quantité de poudre pour l'exploitation des mines.

Aux termes de l'article 1er de l'ordonnance, le privilége de la compagnie n'avait que trente ans de durée. Il finissait donc en 1752 ; rien n'indique qu'il ait été renouvelé. Il est probable qu'on s'en tint au système des concessions particulières prévues et autorisées par l'article 2 de l'ordonnance de 1722.

Le régime de ces concessions fut complété par un arrêt du conseil du 19 mars 1783, qui a pour but de pourvoir à l'exploitation des mines concédées. Il dispose, en effet, que toute mine qui n'aurait pas été mise en exploitation dans l'année qui suivra la concession, sera retiré au concessionnaire, et que celui-ci devra se pourvoir devant le roi pour obtenir une nouvelle concession, s'il prétend conserver le droit d'exploiter la mine.

Cette mesure de l'arrêt du Conseil de 1783 n'est, en somme, que l'application de ce principe déjà posé dans l'ordonnance de 1601 et déjà signalé par nous, un peu plus haut, à savoir que, la concession n'ayant été accordée que sous la condition qu'il y aurait exploitation, doit être révoquée pour inexécution des conditions alors que le concessionnaire cesse d'exploiter, ou exploite mal.

CHAPITRE V

MINES SOUMISES A UN RÉGIME SPÉCIAL

Certaines mines avaient été laissées en dehors du régime créé par l'ordonnance de Henri IV de juin 1601. Ces mines étaient celles contenant du soufre, du salpêtre, *du fer*, de l'ocre, du pétroil, du *charbon de terre*, de l'ardoise, du plâtre, de la craie et autres sortes de pierres pour bâtiments et meules de moulin.

Aux termes de l'art. 2 de ladite ordonnance, elles avaient été affranchies du droit du dixième, par *grâce spéciale*, dit l'édit, « en faveur de notre « noblesse et pour gratifier nos bons sujets proprié- « taires des lieux, » et aux termes de l'art. 22, elles pouvaient être exploitées librement par les proprié- taires qui n'avaient à solliciter pour cela de permission ni de concession d'aucun genre.

Ce régime exceptionnel des mines désignées en l'art. 2 de l'ordonnance de 1601 semble avoir subsisté parallélement au régime commun des autres mines. Ainsi pour les *mines de fer*, il semble bien résulter de l'Ordonnance de juin 1680 qu'elles pouvaient être exploitées sans concession.

L'art. 9, en effet, du titre de la *marque des fers*, dispose que « Ceux qui ont des mines de fer dans
» leur fonds seront tenus à la première sommation
» qui leur sera faite par les propriétaires des four-
» neaux voisins, d'y établir des fourneaux pour
» convertir la matière en fer, sinon qu'il sera permis
» au propriétaire du plus prochain fourneau, et à
» son refus, aux autres propriétaires des fourneaux
» de proche en proche et à ceux qui les font valoir,
» de faire ouvrir la terre et d'en tirer la mine de
» fer en payant au propriétaire du sol pour tout
» dédommagement, un *sol* par chacun tonneau
» de mine de cinq cents pesants. »

Cette redevance toute exceptionnelle de *un sol* par tonneau de *cinq cents pesants* constitue un régime tout spécial pour les mines de fer, car nous ne trouvons aucune trace d'une redevance semblable pour quelqu'autre métal que ce soit. Toute faible qu'elle fut, cette redevance avait donc son importance, en ce qu'elle constatait le droit du propriétaire du sol sur les mines de fer. Par arrêt du Conseil de 1786, elle fut jugée insuffisante et portée à 2 *sols*, 6 *deniers, par même quantité de cinq cents. pesants.*

De même que les mines de fer, les mines de houille paraissent avoir été, depuis l'Ordonnance de 1601, l'objet d'un traitement particulier.

Ainsi que nous l'avons dit, l'art. 2 de lO'rdonnance précitée les affranchissait du droit du dixième, et l'art. 22, de la nécessité d'une concession, de sorte que les propriétaires pouvaient les exploiter librement, et il semble que ce régime spécial leur ait été maintenu jusqu'en 1744.

A la vérité nous voyons qu'en 1689, le 16 juillet, un certain privilège de fouiller toutes mines de charbon est concédé au duc de Montauzier, et qu'en 1692, le 29 avril, le privilège est confirmé à sa fille, la duchesse d'Uzès, mais nous remarquons en même temps, qu'ils ne peuvent agir qu'en traitant de *gré à gré* avec les propriétaires et à charge de *les indemniser préalablement;* ce qui n'a lieu pour aucune autre mine, sauf pour les mines de fer, ainsi que nous venons de le constater.

Mme d'Uzés, d'ailleurs, renonça à ce privilège en 1795, parce qu'il ne lui était plus assez profitable, et nous trouvons un arrêt du conseil du 15 mai 1698 qui dispose formellement que l'exploitation des mines de charbon de terre est permise aux propriétaires des terrains dans lesquels elles se trouvent, sans qu'ils soient tenus de demander aucune concession ou permission.

Cette liberté illimitée ne produisit, parait-il, que des résultats très fâcheux, puisque nous voyons que la législation dût être modifiée en 1744 par un autre arrêt du conseil rendu en forme de règlement le 14 janvier et précédé du préambule que voici :

« Sa Majesté étant informée que les dispositions » de l'édit de 1698 sont presque demeurées sans

» effet, soit par la négligence des propriétaires à
» faire la recherche et l'exploitation des dites mines,
» soit par le peu de facultés et de connaissances de
» la part de ceux qui ont tenté de faire sur cela
» quelques entreprises ; que d'ailleurs, la propriété
» indéfinie laissée aux propriétaires par ledit arrêt
» de 1698, a fait naître, en plusieurs occasions, con-
» currence entre eux, également nuisible à leurs
» entreprises respectives etc. etc. »

Aux termes de l'art. 1er, il était ordonné,

« Qu'à l'avenir, personne ne pourrait ouvrir et
» mettre en exploitation des mines de houille, sans
» en avoir obtenu la permission du contrôleur gé-
» néral des finances, soit que ceux qui voudraient
» faire exploiter les mines fussent seigneurs justi-
» ciers, soit qu'ils eussent la propriété des terrains
» où elles se trouvaient. »

Le même article maintenait l'exemption du droit
du dixième royal.

L'art. 2 disposait que :

« Ceux qui entreprendraient l'exploitation des
» mines de charbon de terre en vertu des permis-
» sions qu'ils auraient obtenues, seraient tenus
» *d'indemniser* les propriétaires des terrains qu'ils
» feraient ouvrir, de gré à gré ou à dire d'experts
» qui seraient convenus entre les parties, sinon
» qui seraient nommés d'office par les intendants et
» commissaires départis. »

De ces deux dispositions, les seules importantes
de l'arrêt au point de vue juridique, il résultait

donc que les mines de houille allaient désormais, comme toutes les autres mines, être soumises au régime des concessions, avec cette différence toutefois, que le concessionnaire d'une mine de houille devrait au propriétaire du sol une certaine indemnité, qui n'existait en aucun autre cas de concession de mines. Faut-il conclure de là que les mines de houille, à la différence des autres mines, étaient considérées comme dépendantes de la surface, c'est ce qu'il nous est impossible de décider en l'absence de plus amples détails sur l'indemnité dont il s'agit. L'arrêt ne nous dit aucunement, en effet, sur quelles bases elle devait être réglée et de quelle privation elle était la représentation pour le propriétaire du sol. Aussi nous contenterons-nous d'avoir posé la question et n'essaierons nous pas de la résoudre.

L'arrêt de 1744, complété et confirmé par un autre arrêt du conseil du 19 mars 1788, resta en vigueur tant que dura l'ancienne monarchie, et jusqu'à la réforme de 1791, il fut la loi des houillères, tandis que l'ordonnance de 1722 était la loi de toutes les autres mines.

SECTION II

DE LA PROPRIÉTÉ DES MINES

DANS LA LÉGISLATION INTERMÉDIAIRE

CHAPITRE UNIQUE

(Loi du 18 juillet 1791).

La législation ancienne sur les mines s'était à peu près écroulée au soufle de la Révolution. Le droit du dixième et le droit du quarantième des seigneurs justiciers se trouvaient supprimés à titre de droits féodaux, la charge de grand maître des mines avait disparu, et, sauf le principe que les mines étaient sujettes à concession du pouvoir central, nous ne voyons guère ce qui pouvait subsister du régime auquel les mines avaient été soumises sous l'ancienne monarchie.

C'était donc une tâche qui s'imposait des premières à l'Assemblée nationale constituante, de pourvoir à cette lacune dans la législation d'une des matières les plus importantes du droit.

Ce fut l'objet de la loi du 18 juillet 1791. La discussion de cette loi fut longue et passionnée. Et il est facile de le comprendre, si l'on songe qu'il s'agissait de reconnaître et de consacrer définitivement un des deux grands principes que nous avons trouvés en constante rivalité durant tout le cours de la monarchie :

D'un côté, le principe de la propriété publique, basé sur l'intérêt général qui veut que les mines soient exploitées, et exploitées le mieux possible;

D'autre côté, principe de la propriété du maître de la superficie, basé sur la tradition du droit romain et sur des considérations d'équité.

Ajoutez qu'entre ces deux systèmes depuis si longtemps en présence, venait d'en apparaître un troisième, plus nouveau, celui-là, puisque c'est à Turgot qu'en était due la première idée, le système qui attribue la propriété des mines à l'inventeur. Nous l'avons exposé plus haut dans la partie qui sert d'introduction à ce travail, et nous avons dit comment c'est, à nos yeux, le seul système vraiment rationnel sur le question qui nous occupe.

De ces trois systèmes rivaux, qui tour à tour furent développés devant elle, l'Assemblée nationale n'en consacra, à proprement parler, aucun, et la loi du 17 juillet 1791 n'est qu'une perpétuelle transaction entre les trois.

Dans son article premier, elle pose en principe que les mines *sont à la disposition de la nation;* c'était l'idée dominante dans la loi au moment où elle sortit de la commission chargée de l'élaborer, mais la vive résistance des intérêts privés fit atténuer la rigueur de ce principe par des restrictions introduites dans l'article premier lui-même. Cet article se trouve, par suite, rédigé de la manière suivante :

(Loi des 12-18 juillet 1791.)

ARTICLE PREMIER

« Les mines et minières, tant métalliques que
» non métalliques, ainsi que les bitumes, charbons
» de terre ou de pierre et pyrites sont à la disposi-
». tion de la nation, *en ce sens seulement* que les
» substances ne pourront être exploitées que de
» son consentement et sous sa surveillance, à la
» charge d'indemniser, d'après les règles qui seront
» prescrites, les propriétaires de la surface qui
» jouiront en outre de celles de ces mines qui
» pourront être exploitées, ou à tranchée ouverte,
» ou avec fosse et lumière jusqu'à 100 pieds de pro-
» fondeur seulement. »

Les deux principes contraires, on le voit, sont tour à tour appliqués par la loi de 1791 dans son seul art. 1er. Il semble, à la lecture de la première partie de cet article, que les mines soient *propriétés nationales*, mais on s'aperçoit aussitôt que le droit des propriétaires de la surface sur la mine est reconnu et consacré par la fin de l'article, qui leur

accorde le droit d'exploiter librement les mines se trouvant en leur territoire à une profondeur de moins de cent pieds. Ce droit des propriétaires de la surface reçoit encore une nouvelle satisfaction de l'art. 3, qui établit qu'ils auront toujours la préférence et la liberté d'exploiter les mines se trouvant en leur fonds et que la permission ne pourra leur en être refusée lorsqu'ils la demanderont ; et de l'art. 10 qui organise cette préférence stipulée à leur profit en décidant que nulle concession ne pourra être accordée « qu'auparavant le proprié-
» taire de la surface n'ait été requis de s'expliquer
» dans le délai de six mois, s'il entend ou non pro-
» céder à l'exploitation aux mêmes clauses et con-
» ditions imposées aux concessionnaires.

» Cette réquisition, continue l'art. 10, sera faite
» à la diligence du procureur général, syndic du
» département où se trouvera la mine à exploiter.
» Dans le cas d'acceptation par le propriétaire de
» la surface, il aura la préférence, pourvu toutefois
» que sa propriété seule, ou réunie à celle de ses
» associés, soit d'une étendue propre à former une
» exploitation. »

En même temps, la loi reconnaît bien que les inventeurs ont un certain droit sur la mine puisque d'abord elle ne maintient en possession (article 4) que les concessionnaires qui *ont découvert* la mine, déclarant la déchéance de tous ceux qui exploitent des mines non découvertes par eux (article 6), et puisque, ensuite, elle leur attribue comme aux propriétaires du sol et après eux, un droit de préférence à l'exploitation de la mine.

(Loi 1791, art. 10, *in fine*.)

« Auront également la préférence sur tous autres,
» excepté les propriétaires, les entrepreneurs qui
» auront découvert des mines, en vertu de permis-
» sions à eux accordées par l'ancienne administra-
» tion, en se conformant aux dispositions conte-
» nues au présent décret. »

Mais d'un autre côté, le reste de la loi paraît écrit sous l'empire évident de cette idée que les mines sont *choses n'appartenant à personne*, et dont l'Etat peut disposer souverainement, à telles conditions qu'il lui plaît, dès que le propriétaire du sol et l'inventeur n'ont pas usé du droit de préférence qui leur a été reconnu, sans qu'on ait dit au juste à quel titre.

Nous voyons, en effet, que les départements fixent souverainement l'étendue de chaque concession, sur l'avis des directoires de district, et suivant les localités et la nature des mines (art. 5); et que c'est à eux qu'il appartient d'accorder les concessions.

(Loi 1791, art. 8.)

« Toute concession ou permission d'exploiter une
» mine sera accordée par le département, sur l'avis

» du directoire du district dans l'étendue duquel
» elle se trouvera située, et ladite permission ou
» concession ne sera exécutée qu'après avoir été
» approuvée par le Roi... »

Nous voyons, en outre, que les concessions ne sont accordées qu'à de certaines conditions posées par la loi, notamment à la condition de commencer l'exploitation dans les six mois sous peine de déchéance (art. 14), et à la condition que les travaux ne seront jamais interrompus pendant un an (article 15).

Enfin, l'art. 17, dispose « qu'à la fin de chaque
» concession, ou dans le cas d'abandon, le conces-
» sionnaire ne pourra détériorer ses travaux, et
» qu'il ne pourra jamais enlever les échelles, étais,
» charpentes ou matériaux nécessaires à la visite
» et à l'existence des travaux intérieurs de la
» mine, » toutes choses dont il sera dressé état, et dont la valeur devra être remboursée à l'ancien concessionnaire par ceux qui se présenteraient pour continuer l'exploitation de la mine abandonnée (art. 18).

Quant à l'indemnité au profit du propriétaire de de la surface, dont nous voyons qu'il est parlé dans plusieurs articles et notamment dans les art. 1er et 20 de la loi, elle n'a aucunement le caractère d'une reconnaissance d'un droit du propriétaire de la surface sur la mine se trouvant au dessous de son terrain, elle a simplement le caractère d'une réparation des dommages causés à la superficie par l'exploitation de la mine, ainsi qu'il résulte de l'art. 21.

(Loi 1791, art. 21.)

« L'indemnité dont il vient d'être parlé, ainsi
» que celle mentionnée dans l'art. 1er du présent
» décret, *s'entend seulement* des non-jouissances et
» dégâts occasionnés dans les propriétés par l'exploi-
» tation des mines, tant à raison des chemins, que
» des lavoirs, fuites des eaux, et tout autre établis-
» sement de quelque nature qu'il soit, dépendant
» de l'exploitation, sans cependant que ladite in-
» demnité puisse avoir lieu lorsque les eaux seront
» parvenues aux ruisseaux, fleuves et rivières. »

L'existence de cette indemnité n'infirme donc en rien ce que nous avons dit, que la loi de 1791, était une sorte de transaction entre les trois systèmes principaux sur la propriété des mines.

Après avoir, en effet, sacrifié tour à tour au principe de la propriété du maître de la superficie, et au principe de la propriété de l'inventeur, par les droits de préférence inscrits dans les art. 3 et 10, elle consacre, dans le reste de ses dispositions, le principe que les mines sont des choses n'appartenant à personne, et dont par suite l'Etat, au nom de l'intérêt général, a droit de disposer souverainement, sans indemnité pour personne, au profit de celui qui est le plus apte à les bien exploiter.

Les dispositions de la loi de 1791 furent complétées : 1º par un arrêté du Directoire du 23 décembre 1797, qui obligeait les héritiers légataires et donataires d'un cessionnaire à se pourvoir, dans les six mois, d'une autorisation continuant la concession faite à leur auteur, 2º et par une ordonnance du 7 juillet 1801, explicative de la loi et relative à son application.

Toutes ces dispositions ont été abrogées par la loi du 21 avril 1810.

TROISIÈME PARTIE

DE LÀ PROPRIÉTÉ DES MINES

DANS LE DROIT FRANÇAIS ACTUEL

(EXPLICATION de la loi du 21 avril 1810.)

DÉFINITION. — *Qu'est-ce qu'une mine aux termes de la loi de 1810.*

La loi de 1810 distingue trois classes de substances minérales et les qualifie de *mines*, *minières* et *carrières*.

Cette classification est basée uniquement sur la nature des matières à exploiter, et nullement sur le mode d'exploitation à employer pour en tirer parti. Pourtant, nous verrons que pour certaines mines et minières, (les mines de fer en filons ou en couches, et les minières de minerai de fer d'alluvion), c'est bien la manière dont l'exploitation doit avoir lieu et non la qualification légale qu'il faut consulter, pour savoir à quel régime doivent être soumises leur exploitation et leur propriété. (L. 1810 art. 68, et 69).

Sous la réserve de cette observation, que nous développerons un peu plus loin, indiquons la classification consacrée par la loi de 1810 dans ses quatre premiers articles.

(Loi du 21 avril 1810.)

ARTICLE PREMIER

« Les masses de substances minérales ou fossiles
» renfermées dans le sein de la terre, ou existantes
» à sa surface, sont classées relativement aux règles
» de l'exploitation de chacune d'elles, sous les trois
» qualifications de mines, minières et carrières. »

ARTICLE 2

« Sont considérées comme mines, celles connues
» pour contenir en filons, en couches ou en amas,
» de l'or, de l'argent, du platine, du mercure, du
» plomb, du fer en filons ou couches, du cuivre, de
» l'étain, du zinc, de la calamine, du bismuth, du
» cobalt, de l'arsenic, du manganèse, de l'anti-
» moine, du molybdène, de la plombagine ou autres
» matières métalliques, du soufre, du charbon de
» terre ou de pierre, du bois fossile, des bitumes, de
» l'alun et des sulfates à base métallique. »

ARTICLE 3

« Les minières comprennent les minerais de fer
» dits d'alluvion, les terres pyriteuses propres à être
» converties en sulfate de fer, les terres alumineuses
» et les tourbes. »

ARTICLE 4

« Les carrières renferment les ardoises, les grés,
» pierres à bâtir et autres, les marbres, granits,
» pierres à chaux, pierres à plâtre, les pozzolanes,
» le trass, les basaltes, les laves, les marnes, craies,
» sables, pierres à fusil, argiles, kaolin, terres à
» foulon, terres à poteries, les substances terreuses,
» et les cailloux de toute nature, les terres pyri-
» teuses regardées comme engrais, le tout exploité
» à ciel ouvert ou avec des galeries souterraines. »

Dans une première rédaction de notre loi, l'énu-
mération, contenue en l'art. 2, ci-dessus transcrit,
des substances minérales qualifiées *mines*, avait un
caractère limitatif qui aurait pu faire naître de
graves difficultés pratiques. Sur les observations
de la commission du corps législatif, ce caractère
limitatif a disparu par l'adjonction des mots : « ou
*autres matières métalliques… et des sulfates à base
métallique.* » Il faut donc comprendre sous la qualification *mines* toutes les substances à base métal-

lique, même celles qui à l'époque de la rédaction de
la loi, n'avaient pas encore été l'objet d'exploitations ou d'applications industrielles.

Quant au sel gemme dont il n'est aucunement
parlé dans la loi, la Cour de cassation a décidé en
1832 qu'il devait, lui aussi, être classé parmi les
mines concessibles. C'était déjà, lors de la discussion de la loi, l'avis du comte Regnault qui disait,
dans la séance du 15 juillet 1809 :

« Que les sels gemmes sont naturellement dans
» la classe des mines, lesquelles ne peuvent être
» exploitées que par concession, et que le gouver-
» nement a le droit de se réserver quand il lui plaît.
» Il suffit donc pour les soumettre à ces disposi-
» tions de ne pas les distinguer des autres mines. »

Depuis, la question a été formellement tranchée
dans ce sens par la loi du 17 juin 1840, aux termes
de ses art. 1 et 2.

(L. 17 juin 1840.)

ARTICLE 1

« Nulle exploitation de mines de sel, de sources
» ou de puits d'eau salée naturellement ou artifi-
» ciellement, ne peut avoir lieu qu'en vertu d'une
» concession consentie par ordonnance royale déli-
» bérée en Conseil d'Etat. »

ARTICLE 2

« Les lois et règlements généraux sur les mines
» sont applicables aux exploitations des mines de
» sel. — Un règlement d'administration publique
» déterminera, selon la nature de la concession,
» les conditions auxquelles l'exploitation sera sou-
» mise. — Le même règlement déterminera aussi
» les formes des enquêtes qui devront précéder les
» concessions de sources ou de puits d'eau salée. Se-
» ront applicables à ces concessions, les dispositions
» des titres V et X de la loi du 21 avril 1810. »

La classification tripartite que nous venons d'exposer en mines, minières et carrières, repose bien,
ainsi que nous l'avons dit, sur la nature des substances minérales à exploiter et non sur le mode
d'exploitation à employer. Cela résulte expressément des travaux préparatoires de la loi et du texte
même de l'art. 1er.

« Les masses de substances minérales où fossiles
» *renfermées dans* le sein de la terre ou *existantes*
» *à sa surface*, etc. »

Il y a donc à ne tenir aucun compte de cette circonstance que les substances minérales à qualifier et à
classer seraient à la surface du sol et pourraient être
exploitées à ciel ouvert, l'art. 1 de notre loi le déclare
formellement, et la pratique administrative a toujours appliqué sans hésiter les dispositions de cet

article en faisant la concession des gîtes minéraux exploités à ciel ouvert comme de ceux enfouis dans le sol.

Nous avons annoncé une exception à cette règle : elle concerne les mines de fer en filons ou en couches, et les minières de minerai de fer d'alluvion, et elle résulte des deux articles ci-après de la loi 21 avril 1810.

(L. 1810, article 68.)

« Les propriétaires ou maîtres de forges ou d'usi-
» nes, exploitant des minerais de fer d'alluvion, ne
» pourront, dans cette exploitation, pousser des
» travaux réguliers par des galeries souterraines
» sans avoir obtenu une concession, avec les for-
» malités et sous les conditions exigées par les
» articles de la section 1re du titre III et les dispo-
» sitions du titre IV. »

(Article 69.)

» Il ne pourra être accordé aucune concession
» pour minerai d'alluvion ou pour des *mines en
» filons ou en couches*, que dans les cas suivants :
» 1º Si l'exploitation à ciel ouvert cesse d'être pos-
» sible, et si l'établissement de puits, galeries et
» travaux d'art est nécessaire; — 2º Si l'exploita-
» tion, quoique possible encore, doit durer peu
» d'années et rendre ensuite impossible l'exploita-
» tion avec puits et galeries. »

Aux termes de ces articles, on le voit, les mines de fer et les minières de minerais de fer d'alluvion sont soumises au même régime.

Les unes et les autres, tout en gardant leur qualification légale, peuvent être exploitées librement tant que l'exploitation à ciel ouvert est possible, et elles ne sont soumises à concession qu'aux cas prévus en l'art. 69.

1° Si l'exploitation à ciel ouvert cesse d'être possible et si l'établissement de puits, galeries et travaux d'art est nécessaire.

2° Si l'exploitation à ciel ouvert, quoique possible encore, doit durer peu d'années et rendre ensuite impossible l'exploitation avec puits et galeries.

De la combinaison des art. 1, 2, 3 et 4 et des art. 68 et 69, il résulte donc que les substances minérales, au point de vue juridique des règles sur leur exploitation et sur leur propriété, ne se divisent réellement qu'en deux classes :

La première comprenant : 1° les mines de fer et minières de minerai de fer d'alluvion dont l'exploitation à ciel ouvert est possible ; 2° les minières et toutes autres espèces, et les carrières ;

La deuxième comprenant: 1° les mines en général ; 2° les mines de fer et minières de minerai de fer dont l'exploitation ne peut avoir lieu qu'au moyen de puits, galeries ou travaux d'art, et les mines et minières de même nature dont l'exploitation quoique possible encore, ne doit durer que peu d'années et rendre ensuite impossible l'exploitation avec puits et galeries (art. 69).

Pour les mines et minières de la première catégorie, et pour les carrières, la propriété du tréfonds reste confondue avec la propriété de la superficie, et l'exploitation se fait par le propriétaire de la superficie, ou ses ayants-cause, sans qu'il y ait lieu à concession.

Au contraire, pour les mines en général et pour les mines de fer et minières, de la seconde classe, l'exploitation ne peut avoir lieu qu'en vertu d'une concession, et comme nous le verrons plus loin, le premier effet de la concession est de distinguer la propriété de la mine, ou de la minière, de la propriété de la superficie.

(L. 1810, art. 5.)

« Les mines ne peuvent être exploitées qu'en
» vertu d'un acte de concession délibéré au conseil
» d'Etat. »

(L. 1810, art. 57 modifié par l'art. 3 de la loi
des 9-16 mai 1866.)

« Si l'exploitation des minières doit avoir lieu à
» ciel ouvert, le propriétaire est tenu, avant de com-
» mencer à exploiter, d'en faire la déclaration au
» préfet. Le préfet donne acte de cette déclaration,

» et l'exploitation a lieu sans autre formalité.

« Cette disposition s'applique aux minerais de fer
» en couches et filons dans le cas où, conformément
» à l'art. 69 (de la loi de 1810),ils ne sont pas conces-
» sibles.

« Si l'exploitation doit être souterraine, elle ne
» peut avoir lieu qu'avec une permission du préfet.
» La permission détermine les conditions spéciales
» auxquelles l'exploitant est tenu en ce cas de se
» conformer. »

.(L. 1810. art. 58 modifié par l'art. 3 de la loi
des 9-17 mai 1866.)

« Dans les deux cas prévus par l'art. précédent,
» l'exploitant doit observer les réglements généraux
» ou locaux concernant la sûreté et la salubrité
» publiques auxquels est assujettie l'exploitation
» des minières. »

(L. 1810, art. 81.)

« L'exploitation des minières à ciel ouvert a lieu
» sans permission, sous la simple surveillance de la
» police, et avec l'observation des lois ou règlements
» généraux ou locaux. »

(L. 1810, art. 82.)

« Quand l'exploitation a lieu par galeries souter-
» raines, elle est soumise à la surveillance de l'ad-
» ministration, comme il est dit au titre V. »
Les mines et minières dont l'exploitation ne peut
avoir lieu sans concession, étant seules soumises à
un régime spécial quant à leur propriété, sont les
seules dont nous ayons à nous occuper dans cette
étude. Pour rendre le langage plus rapide, nous dé-
signerons désormais par la simple expression de
mines, cet ensemble de substances minérales soumises au même régime d'exploitation et de propriété, mais il est bien entendu que cette expression de *mines* ne comprendra plus, en revanche,
les mines de fer qui sont assimilées aux minières
et peuvent être exploitées librement.

Ceci posé, abordons l'examen du système de la
loi du 21 avril 1810 sur la propriété des mines. (Le
mot *mines* étant pris au sens que nous venons de
dire.)

SECTION PREMIÈRE

SYSTÈME DE LA LOI DU 21 AVRIL 1810 SUR LA PRO-
PRIÉTÉ DES MINES

Le système actuel du droit français sur la pro-
pri été des mines, tel qu'il résulte de l'art. 552 du
Code civil rapproché de la loi du 21 avril 1810, peut
se résumer dans les cinq propositions suivantes :

I. De droit naturel, le tréfonds constituerait une
propriété distincte de la superficie, mais cette distinction des deux propriétés étant le plus souvent
sans utilité et pouvant, au contraire, présenter de
grands inconvénients et même de grands dangers
pour la conservation de la propriété du dessus, la
loi a sagement décidé que tant qu'il n'y aurait pas
utilité reconnue par le pouvoir public à faire la distinction que nous venons de dire, la propriété du
tréfonds suivrait la propriété de la superficie.

II. Le cas d'existence d'une mine est précisément
le cas où il devient utile de distinguer le tréfonds
de la superficie, aussi, dès que l'existence d'une mine
a été reconnue et constatée par le pouvoir, la propriété du tréfonds est-elle immédiatement et par
cette constation même, distinguée pour jamais de
la propriété de la superficie.

La mine est donc considérée comme une propriété nouvelle qui, avant sa découverte, n'appartenait et n'était susceptible d'appartenir à personne, puisque la simple constatation de sa découverte suffit pour la rendre chose distincte de la superficie.

III. De droit naturel, cette propriété nouvelle, qui vient d'apparaître, devrait appartenir, ainsi que nous l'avons dit dans notre préambule, à celui qui l'a créée en quelque sorte par la découverte qu'il en a faite, mais la bonne exploitation de cette richesse nouvelle étant un intérêt d'ordre public, et l'inventeur pouvant n'être pas le plus apte à garantir à la société cette bonne exploitation dont elle a besoin, la société a cru devoir se réserver la faculté d'exproprier cet inventeur de la chose qui lui appartenait de droit naturel, afin d'attribuer, dans un but d'utilité publique, la propriété de cette chose à l'individu le plus apte à la bien exploiter et à en tirer tout le parti possible. — Le concessionnaire qui reçoit ainsi la propriété de la mine est tenu d'exploiter et de bien exploiter : c'est à cette condition seulement qu'il reçoit sa concession.

IV. Cette expropriation de l'inventeur a lieu moyennant une indemnité qui peut se composer de deux parties, la première, représentative de la propriété de la mine elle-même ; la seconde, représentative de la valeur des travaux et constructions faits pour arriver à la découverte de la mine et en préparer l'exploitation ; cette seconde partie de l'indemnité étant garantie par privilége sur la mine elle-même.

V. La mine, cette propriété nouvelle qui vient de prendre naissance et d'être reconnue et consacrée par le pouvoir social, étant enclavée de toutes parts par la propriété de la superficie qui lui est superposée, il y a lieu de faire bénéficier celui qui l'exploite des dispositions de l'art. 682 du Code civil.

En conséquence, par application de cet art. 682, et par la force des choses, toute la surface de terrain superposée à la mine, sauf quelques parcelles réservées, se trouve grevée d'une servitude d'utilité publique au profit de la mine.

Cette servitude consiste dans le droit pour le propriétaire de la mine de passer sur les terrains superposés à sa propriété, de les forer de puits ou de prises d'air, et de les occuper temporairement ou ou même définitivement, le tout, sauf indemnités prévues et réglées aux art. 43 et 44 de la loi du 21 avril 1810.

Cette servitude prend naissance au moment même de la concession, c'est-à-dire, au moment où la mine commence à exister à l'état de propriété nouvelle ; elle est créée moyennant le paiement annuel au propriétaire de la surface d'une certaine redevance sur le produit de la mine.

Reprenons en détail chacune de ces propositions, et voyons sur quels textes elles s'appuyent.

CHAPITRE PREMIER

PREMIÈRE PROPOSITION. — *Tant qu'il n'y a pas utilité reconnue à distinguer le tréfonds de la superficie, la propriété du tréfonds suit la propriété de la superficie.*

Cette proposition résulte expressément de l'article 552 du Code civil.

(Code civil, art. 552.)

« La propriété du sol emporte la propriété du
» dessus et du dessous.
» Le propriétaire peut faire au-dessus toutes les
» plantations et constructions qu'il juge à propos,
» sauf les exceptions établies au titre des *servitudes*
» ou *services fonciers*.
» Il peut faire au-dessous toutes les construc-
» tions et fouilles qu'il jugera à propos, et tirer de
» ces fouilles tous les produits qu'elles peuvent
» fournir, sauf les modifications résultant des lois
» et règlements relatifs aux mines, et des lois et
» règlements de police. »

« La propriété de la surface emporte la propriété
» du dessus et du dessous. » La disposition est

formelle, mais, pour son application, il n'est pas indifférent que nous nous demandions s'il n'y a là que la consécration d'un principe de droit naturel, ou bien, si, au contraire, cette règle de droit civil constitue, aux principes de l'équité naturelle, une dérogation édictée dans un but de sécurité et d'ordre publics. C'est à cette seconde manière de voir qu'il faudrait s'en tenir, ainsi que nous avons essayé de le démontrer dans le préambule de ce travail. De droit naturel, avons-nous dit, la propriété ne s'étend qu'aux limites de l'occupation, et le propriétaire de la surface n'occupe du tréfonds que l'espace nécessaire pour creuser les fondations de sa maison, planter les racines de ses arbres, rechercher les sources nécessaires à sa consommation, par suite, il n'est vraiment propriétaire que de cette partie du tréfonds qui est l'accessoire obligé, indispensable de la surface, il n'a droit vraiment qu'à la partie sans la propriété de laquelle, la propriété de la surface serait incomplète et inutile.

Seulement, comme c'est chose extrêmement délicate et difficile que de déterminer à quel point précis le tréfonds se trouve indépendant de la surface et devient susceptible de constituer un bien nouveau, et comme, d'autre part, la propriété de la surface ne peut être le plus souvent d'aucune utilité, le législateur a pensé qu'il était plus sage de décider que la propriété du tréfonds suivrait la propriété de la superficie lorsqu'il n'y aurait pas d'intérêt à faire, entre l'une et l'autre, cette distinction si difficile et si délicate. Mais ce qui prouve bien que, dans sa pensée, ces propriétés sont choses absolument distinctes et séparées, c'est qu'il fait revivre la distinction, précisément au cas où la propriété du tréfonds devient susceptible d'être utilisée indépendamment de la propriété de la surface. N'était-ce pas le cas alors de confirmer plus énergiquement l'adhérence du tréfonds et de la superficie si, dans sa pensée, cette adhérence, cette confusion de l'un et de l'autre eût été de droit naturel. Eh bien, il ne l'a pas fait, et nous trouvons là, pour le répéter encore une fois, la preuve irréfutable qu'il considérait le tréfonds comme étant, de droit naturel, parfaitement indépendant de la surface.

CHAPITRE II

DEUXIÈME PROPOSITION. — *Ce cas où il y a utilité à distinguer la propriété du tréfonds de la propriété de la superficie, c'est le cas où il existe une mine. Aussi, dès que cette mine a été constatée et reconnue susceptible d'une exploitation utile, la propriété du tréfonds est-elle immédiatement, et par cette seule constatation, distinguée pour jamais de la propriété de la superficie.*

Cette propriété du tréfonds constitue une propriété nouvelle.

Au cas où l'existence d'une mine a été constatée dans un fonds, la propriété du tréfonds devient susceptible d'être utilisée indépendamment de la propriété de la surface. Si, de droit naturel, le tréfonds était une dépendance de la surface et appartenait à son propriétaire, ce serait le cas pour le législateur de lui reconnaître cette propriété et de la consacrer. Eh bien, au contraire, nous voyons qu'en ce cas le législateur enlève au propriétaire de la superficie la propriété du tréfonds. Cette décision qui, au cas d'existence d'une mine, sépare la propriété du tréfonds de la superficie, résulte des articles ci-après de la loi du 21 avril 1810.

(L. 1810, art. 5.)

« Les mines ne peuvent être exploitées qu'en
» vertu d'un acte de concession délibéré en Conseil
» d'Etat. »

(L. 1810, art. 7.)

« Il (cet acte) donne la propriété perpétuelle de
» la mine, laquelle est dès lors disponible et trans-
» missible comme tous autres biens, et dont on ne
» peut être exproprié que dans les cas et selon les
» formes prescrites pour les autres propriétés, con-
» formément au Code civil et au Code de procédure
» civile. Toutefois, une mine ne peut être vendue
» par lots et partagée sans une autorisation préa-
» lable du gouvernement, donnée dans les mêmes
» formes que la concession. »

(L. 1810, art. 12.)

« Le propriétaire pourra faire des recherches,
» sans formalité préalable, dans les lieux réservés
» par le précédent art. comme dans les autres par-
» ties de la propriété ; mais il sera obligé d'obtenir
» une concession avant d'y établir une exploitation.
» *Dans aucun cas, les recherches ne pourront être*
» *autorisées dans un terrain déjà concédé.* »

(L. 1810, art. 12.)

« L'acte de concession fait après l'accomplisse-
» ment des formalités prescrites purge en faveur du
» concessionnaire tous les droits des propriétaires
» de la surface et des inventeurs, ou de leurs ayants-
» droit, chacun dans leur ordre, après qu'ils auront
» été entendus ou appelés légalement, ainsi qu'il
» sera ci-après réglé. »

(L. 1810, art. 19.)

« Du moment où une mine sera concédée, même
» au propriétaire de la surface, cette propriété *sera*
» *distinguée de celle de la surface*, et désormais con-
» sidérée comme *propriété nouvelle*, sur laquelle de
» nouvelles hypothèques pourront être assises,
» sans préjudice de celles qui auraient été ou se-
» raient prises sur la surface et la redevance comme
» il est dit à l'article précédent. Si la concession est
» faite au propriétaire de la surface, ladite rede-
» vance sera évaluée pour l'exécution dudit article. »

On le voit, ces articles sont formels ; les art. 7
et 19 notamment ne peuvent laisser aucun doute :

Du moment où la mine est concédée, *même au propriétaire de la surface* la propriété, en est *distinguée de la propriété de la surface* (art. 19), elle est
considérée comme une *propriété nouvelle*, (même

art. 19) *perpétuelle, disponible* et *transmissible* comme toute autre propriété (art. 7.).

Ce résultat se produit en vertu et par la seule force de l'acte de concession, c'est-à-dire, par la constatation officielle de l'existence de la mine (art. 7 et 19).

A la vérité, tout en reconnaissant cette séparation des deux propriétés, on pourrait s'appuyer sur les art. 6, 10, 17, 18 et 42 que nous aurons l'occasion d'expliquer tout à l'heure, pour dire que le propriétaire de la superficie est considéré par la loi comme ayant été propriétaire de la mine antérieurement à l'acte de concession, et comme ayant été exproprié de cette propriété pour cause d'utilité publique par l'acte de concession, moyennant une indemnité dont le principe est consacré par l'art. 6 et rappelé dans tous les articles cités plus haut.

Nous croyons, pour notre compte, que cette interprétation de la loi de 1810 serait absolument erronée.

Pour soutenir notre opinion nous ne chercherons, pas d'autres arguments que le texte même des articles 6 et 19 que nous venons de citer. L'art. 7, en effet, ne nous dit pas que l'acte de concession *transmet* la propriété de la mine, il nous dit : l'acte de concession *donne* la propriété de la mine. Et les expressions employées dans cet article par le législateur empruntent une singulière force au compte rendu de la séance du Conseil d'Etat du 13 février 1810, séance qui fut la dernière de celles consacrées aux travaux préparatoires de notre loi et qui termina le débat, sur son principe, après quatre années de discussions.

Dans cette séance, nous voyons que le comte Jaubert demanda un changement de rédaction à l'art 7 de la loi pour le cas où le propriétaire du sol deviendrait concessionnaire de la mine, en disant que *dans ce cas, l'acte de concession, ne pourrait lui donner la propriété d'un terrain dont il était propriétaire*.

La question était donc posée nettement ; *oui ou non, l'acte de concession donne-t-il au propriétaire du sol la propriété de la mine?*

L'Empereur y répondit nettement, en s'opposant au changement de rédaction et en disant :

« Que le Code civil en employant ces expressions
» *le propriétaire du dessus l'est aussi du dessous,*
» a voulu consacrer le principe qu'en France les ter-
» res ne sont sujettes à aucun droit régalien ou féo-
» dal, et laisser toute latitude au propriétaire. »

Cependant le Code excepte de cette disposition
« les fouilles des mines, parce que la *propriété du*
» *sol et la propriété de la mine ne sont pas inhé-*
» *rentes.* »

La concession forme une propriété nouvelle et
« *même dans la main du propriétaire du sol,* le
» droit d'exploitation est une richesse nouvelle ; dès
» lors, il faut à son égard se servir des mêmes
» expressions qu'à l'égard de *tout autre conces-*
» *sionnaire.* Il lui faut aussi un acte qui *lui confère*

» *le droit* ET LUI DONNE *la propriété* de la conces-
» sion. »

Cette mesure est dans son intérêt « car, propriétaire
» du sol et de la mine réunis, il peut cependant vou-
» loir ne conserver qu'une de ces deux propriétés ;
» il peut vouloir les séparer, en vendre une, il faut
» donc qu'il ait un titre qui réglera le sort de celui
» qui deviendra propriétaire du sol ou de la mine. »

La propriété n'est donc pas, par l'acte de concession, *transférée* du propriétaire du sol au concessionnaire, c'est à *titre de propriété nouvelle* qu'elle
est attribuée au concessionnaire, qui même peut
n'être autre que le propriétaire du sol.

Il y a *création*, il n'y a pas *translation de propriété*, nous avons vu combien l'article 7 et les travaux préparatoires de cet article sont concluants
dans sens ; l'article 19 ne l'est pas moins :

« Du moment où une mine sera concédée même
» au propriétaire de la surface, cette propriété sera
» distinguée de celle de la surface et considérée
» comme PROPRIÉTÉ NOUVELLE. »

Et si nous continuons notre examen des travaux
préparatoires, nous voyons que les rédacteurs de la
loi et l'Empereur, à l'influence de qui elle est principalement due, ont constamment insisté sur cette
idée à laquelle ils ne cessaient de revenir :

« Que la mine est une propriété nouvelle suscep-
» tible d'être concédée, que la découverte d'une mine
» créant une propriété nouvelle, un acte du souve-
» rain devient nécessaire pour que celui qui a fait

» la découverte puisse en profiter. (Séance du
» 21 octobre 1808). »

Dans la séance du 8 avril 1809, Napoléon dit : « que
» plus il y réfléchit, plus il trouve exacte la défini-
» tion qui qualifié les mines de propriété nouvelle ; »

Et dans la séance du 18 novembre 1809, « qu'on
» doit regarder les mines comme des choses qui ne
» sont pas encore nées et qui deviennent des pro-
» priétés par l'effet de de la concession, qu'avant la
» concession les mines ne sont pas *des propriétés*,
» mais *des biens*. »

Remarquons, en passant, que l'Empereur ne dit
pas ce qu'il veut dire : la traduction exacte de sa
pensée eût été : Qu'avant la concession les mines
ne sont pas *des biens* mais *des choses*. Quoiqu'il en
soit, on comprend suffisament qu'il a voulu dire,
qu'avant la concession les mines ne sont pas susceptibles de propriété, qu'elles le deviennent seulement par l'effet de la concession. En effet, nous
voyons qu'il développe sa pensée dans les termes
suivants :

« Qu'est-ce que le droit de propriété ? C'est non
» seulement le droit d'user, mais encore le droit
» d'abuser.

» Si donc le gouvernement oblige d'exploiter, ou
» fixe la manière dont on exploitera, il n'y a plus
» de propriété.....

« Il faudrait appliquer les mêmes principes aux
» mines, si les mines étaient des propriétés ; mais jus-
» qu'à ce qu'une mine existe par l'effet d'une conces-

» sion, ce n'est qu'un bien, *qu'une chose*, à laquelle
» le propriétaire de la surface a un droit éventuel
» dans le cas où il s'agirait de l'exploiter. Ce n'est
» *donc qu'après la concession que les mines rentrent*
» *sous la règle commune.* »

En conséquence, l'Empereur renvoie les art. 5 à 11 à une nouvelle rédaction.

Séance du 9 janvier 1810, (présidée par l'Empereur.)

L'Empereur, sur l'art. 5 dit : « Qu'il est contra-
» dictoire de déclarer que les mines n'appartiennent
» à personne et que cependant le propriétaire de la
» surface y a droit. »

Le comte Jaubert acquiesce à cette idée en remarquant;

« Qu'on éprouvera toujours quelque embarras
» tant qu'on ne rattachera pas le projet à l'ar-
» ticle 552 du Code civil.

« Cet article, en donnant aux propriétaires de la
» surface le droit de tirer des fouilles qu'il a faites
» sur son terrain tous les produits qu'elles peuvent
» fournir, ajoute, *sauf les modifications résultant*
» *des lois et règlements relatifs aux mines.* »

« Il ne s'agit donc plus que de fixer ces modifica-
» tions qui restreignent la propriété du dessous. »

Le comte Jaubert propose, en conséquence, quatre articles réglant ces modifications à l'art. 552.

Le comte Regnauld Saint-Jean d'Angély et le comte Boulay les repoussent, ce dernier, en exprimant la pensée qui paraît avoir été adoptée par ses collègues :

« Qu'il serait prudent de s'abstenir de toute défi-
» nition et de n'insérer dans le projet que des ar-
» ticles d'exécution. »

Enfin, l'Empereur clôt le débat en décidant qu'il faut établir en principe :

« *Que le propriétaire du dessus l'est aussi du*
» *dessous* à moins que le dessous ne soit concédé
» à un autre, auquel cas il reçoit une *indemnité*
» *à raison de la privation de la jouissance du* DES-
» SUS. »

L'Empereur n'a peut-être pas été aussi précis que dans la séance du 13 février 1810, pourtant sa pensée nous paraît suffisamment claire, et nous trouvons assez nettement exprimée son intention de soustraire à l'application de l'art. 552 le cas où le dessous contient une mine sujette à concession. Ses paroles nous semblent pouvoir être paraphrasées ainsi :

Le propriétaire du dessus l'est aussi du dessous, à moins que le dessous ne contienne une mine su-jette à concession, auquel cas le dessous, dès la concession intervenue, constitue une propriété nouvelle.

L'indemnité accordée au propriétaire du dessus, n'est pas le prix de l'expropriation du dessous, c'est le prix de la « privation de la jouissance du
» dessus. »

Cela résulte expressément des paroles de l'Empereur.

Ainsi donc, la règle est bien claire : l'art. 552 ne s'applique pas au cas où le dessous contient une mine. En conséquence, « la mine n'a jamais appar- » tenu au propriétaire de la surface », c'est *une chose* qui, antérieurement à sa découverte, *n'appartenait à personne* et n'était susceptible d'aucun droit. Elle commence à être susceptible de droit, elle commence à être *un bien* au *moment de sa découverte.*

C'est ce que reconnaît le baron Locré qui a suivi toute la discussion préparatoire de la loi, comme secrétaire-général du conseil d'Etat. Il s'exprime ainsi, à cet égard, dans son livre sur la loi de 1810 :

« Les art. 5, 6 et 7 consacrent le système nou- » veau qui est celui de toute la loi : la propriété du ». fonds est distinguée de celle de la superficie. » Jusqu'à la concession, le fonds qui renferme la » mine est un *bien non affecté de propriété* : la » concession en fait une propriété *naissante et nou-* » *velle* qu'elle *crée*, et non plus une jouissance » temporaire et révocable. »

Avouons pourtant que ce n'est pas sans une certaine hésitation que nous nous appuyons sur les paroles de l'Empereur que nous venons de citer : Toutes formelles qu'elles paraissent, en effet, elles ne peuvent fournir un argument bien concluant, car nous voyons qu'il parait avoir été longtemps également pénétré de cette idée contradictoire,

que la *mine fait partie de la propriété de la surface;*
il associe constamment ces deux idées si contraires
l'une à l'autre, que la mine fait partie de la propriété de la surface, que le propriétaire du dessus l'est
aussi du dessous, d'après l'art. 552 du Code civil, et
que cependant l'acte *de concession crée une propriété nouvelle.*

Nous n'essaierons pas d'expliquer ce rapprochement, cette association de ces deux théories si exclu-
sives l'une de l'autre, (heureusement ce n'est pas
notre affaire,) nous retiendrons seulement celle qu'il
a affirmée avec le plus de persistance, et à laquelle
il se tenait encore dans la séance du 13 février 1810,
la dernière de celles consacrées à la préparation de
la loi, à savoir que la mine est une *propriété nouvelle,* même dans la *main du propriétaire du sol,*
et que dès lors, il lui faut, ainsi qu'à tout autre,
un acte lui DONNANT cette propriété.

Nous avons d'autant plus de raisons de préférer
cette opinion à l'autre, que c'est celle qui a été
consacrée dans la loi par les art. 7 et 19.

Quant à cette idée, à laquelle nous voyons que
Napoléon est revenu si longtemps avec une certaine
insistance, que « le propriétaire du dessus l'est
» aussi du dessous, » sans doute il ne l'a tant
répétée que dans sa préoccupation constante de
de tout rapporter à son Code et de ne pas laisser
remettre en question l'art. 552, article, d'ailleurs,
dont il a pris soin de restreindre lui-même la
portée dans la séance du Conseil d'Etat du 13 fé-

vrier 1810, où il disait que par ces expressions « le
» propriétaire du dessus l'est aussi du dessous,
» le Code Civil a voulu seulement consacrer le prin-
» cipe, qu'en France, les terres ne sont sujettes à au-
» cun droit régalien ou féodal, et laisser ainsi toute
» latitude au propriétaire du sol. »

« Cela ne s'applique pas, a-t-il ajouté, aux fouil-
» les des mines qui sont exceptées de cette disposi-
» tion du Code, parce que la propriété du sol et la
» propriété de la mine ne sont pas *inhérentes.* »

« La concession forme une *propriété nouvelle,*
» et même dans la main du propriétaire du sol, le
» droit d'exploitation est une *richesse nouvelle.* »

Mais s'il en est ainsi, objectera-t-on, si le propriétaire du sol n'a aucun droit sur la mine, quelle est
donc la base de la redevance qui lui est accordée par
les art. 6 et 42 de notre loi? Nous le dirons plus loin,
et nous essaierons de montrer que ce n'est pas là
une indemnité d'expropriation, que c'est seulement le prix de la servitude imposée à la propriété
du dessus par la constitution, au-dessous d'elle,
d'une propriété nouvelle, à laquelle elle se trouve
naturellement asservie, et aussi peut-être un dédommagement pour le droit naturel, qui appartenait au propriétaire de la surface, d'augmenter sa
propriété, en pénétrant dans le tréfonds correspon-
dant et en l'acquérant par occupation, droit éventuel qui lui est enlevé par la concession de ce tréfonds faite à l'exploitant de la mine.

La redevance dont il s'agit, a d'ailleurs été définie par l'Empereur, dans la séance du 9 janvier 1810, une *indemnité au propriétaire du dessus, à raison de la privation de la jouissance du* DESSUS.

On a soutenu encore, contradictoirement au système que nous avons exposé et adopté, que la propriété de la mine, ce n'est point la propriété du tréfonds dans lequel elle se trouve, mais seulement la propriété du filon, de la couche ou de l'amas de substances minérales définies par l'art. 2 de la loi de 1810.

Voici ce que nous lisons à cet égard dans une dissertation, publiée le 5 août 1858, par le comité des houillères de France :

« Qu'est-ce que la propriété d'une mine? — C'est
» le filon, la couche ou l'amas des substances énu-
» mérées dans l'art. 2 de la loi de 1810. C'est là ce
» qui constitue la propriété minière. Quel est le
» droit conféré au concessionnaire d'une mine?
» C'est le droit de l'exploiter; (depuis la surface jus-
» qu'au centre de la terre), et de faire pour parve-
» nir à son extraction du sein de la terre, toutes
» les fouilles et tous les travaux nécessaires, et
» d'établir, même sur la surface, en dépossédant le
» propriétaire de celle-ci, tout ce dont il a besoin
» pour la facilité de son extraction et la sortie des
» matières extraites.

» La propriété d'une mine consiste donc unique-
» ment dans le droit d'extraire la matière partout où
» elle se rencontre, depuis la surface jusqu'au tré-

» fonds le plus éloigné, sous les conditions imposées
» par la loi.

» On a imprimé quelque part, que la concession
» de la propriété d'une-mine comprend *le terrain*
» reconnu pour contenir la matière minérale à la
» surface comme au tréfonds, *où a-t-on vu cela?*
» Y a-t-il un seul mot de cela dans la loi? Y a-t-il
» un seul acte de concession qui le dise? »

On demande où nous avons vu que « la propriété
» d'une mine comprend le TERRAIN reconnu pour
» contenir la matière minérale. » Mais nous l'avons
vu dans la loi de 1810. D'abord, dans l'art. 7 qui
dit que la concession confère la propriété de *la
mine à perpétuité*, mais que cette mine ne peut
être *vendue par lots* ou *partagée* sans une autorisation préalable du gouvernement. Comment com-
prendrait-on la vente par lots ou le partage du
filon, de la couche ou de l'amas minéral? Ces
expressions ne peuvent évidemment s'appliquer
qu'à une propriété territoriale susceptible d'être
limitée.

Ensuite dans l'art. 12, qui interdit toutes recherches *dans un terrain déjà concédé.* N'y a-t-il pas là,
la preuve formelle et absolue que c'est bien le *terrain* qui est l'objet de la concession, et non pas la
matière minérale. Personne n'a plus le droit de
faire aucune recherche dans *un terrain déjà concédé,* ce sont les propres expressions de l'art. 12,
personne, pas même le propriétaire de la surface;
c'est donc que la propriété de ce terrain est bien «

attribuée au concessionnaire en vertu de l'acte de concession.

Nous trouvons enfin la consécration de notre système, que c'est bien le terrain qui est concédé, et non pas seulement la matière minérale, dans l'art. 29 qui est ainsi conçu :

(L. 1810, art. 29.)

« L'étendue de la concession sera déterminée par
» l'acte de concession ; elle sera limitée par des
» points fixes, pris à la surface du sol, et passant
» par des plans verticaux menés de cette surface
» dans l'intérieur de la terre à une profondeur indé-
» finie ; à moins que les circonstances et les loca-
» lités ne nécessitent un autre mode de limita-
» tion. »

Ce mode de limitation ne peut, il nous semble, s'appliquer qu'à la concession d'un terrain, et point à la concession d'un filon ou d'une couche de matière minérale.

D'ailleurs, si nous continuons la lecture de la dissertation sur la propriété des mines dont nous venons déjà de donner quelques extraits, nous verrons que les auteurs de cette dissertation, eux-mêmes, peuvent si difficilement se faire une idée nette de ce système qui ne concèderait que la mine et point le terrain, qu'ils parlent constamment de *terrains concédés*, de *matière minérale* distincte de *la mine concédée*, et qu'ils ne peuvent enfin s'affranchir d'expressions supposant bien la concession du terrain lui-même. Voici, en effet, la suite de cette étude sur la propriété des mines. Elle examine l'argument que nous venons de proposer, tiré de l'art. 29 de la loi, et se contente d'y répondre ce qui suit :

« Il ne s'agit dans cet article que de l'étendue
» périmétrique. Il fallait bien que l'on déterminât
» la limite superficielle des concessions pour ne
» pas les confondre entre elles, et pour que l'on
» sût bien distinguer les *terrains concédés* de ceux
» qui ne le sont pas. »

« La loi de 1810 a fait *du tréfonds* une *propriété*
» *particulière* détachée de celle de la surface, mais
» elle n'a pu vouloir que l'une des deux propriétés
» détruisit l'autre, que l'usage de *l'une* interdit la
» jouissance de *l'autre*; il serait superflu d'insister
« sur ce point. Il faut donc concilier les deux droits,
» et maintenir l'une à côté de l'autre les *deux pro-*
» *priétés.*

« Il en résultera de l'abnégation, des sacrifices
» de part et d'autre, mais c'est la condition de toute
» propriété; il n'en existe aucune qui n'ait ses ser-
» vitudes et ses devoirs.

« Le voisinage, la superposition et, pour ainsi
» dire, l'amalgame des *deux propriétés*, LA SURFACE
» ET LE TRÉFONDS, imposent à chacune d'elles une
» servitude, c'est la conséquence forcée de la sépa-
» ration. »

Est-il possible de réunir plus de contradictions en aussi peu de mots? Ils commencent par nier que la « concession de la propriété d'une mine » comprenne le terrain reconnu pour contenir la » matière minérale, » et ils ne nous parlent plus que de « terrains concédés, de propriété de la surface, de voisinage, de superposition, d'amalgame des deux propriétés du tréfonds et de la superficie, » toutes choses absolument contraires au système qu'ils avaient annoncé vouloir établir.

Repoussons donc sans hésiter ce système si embarrassé, que ses auteurs eux-mêmes ne peuvent l'exposer sans se contredire à chaque ligne et tenons pour certain, que c'est bien le terrain et non pas seulement la matière minérale, dont la concession est accordée par l'acte du Souverain.

La conséquence, c'est que si, postérieurement à la concession accordée à cause de la présence d'une certaine substance minérale, il se découvre, dans le terrain déjà concédé, une autre substance minérale, cette nouvelle substance appartiendra aussi au concessionnaire et ne pourra être exploitée que par lui, quoiqu'elle ne lui ait pas été concédée expressément par cette excellente raison qu'elle était encore inconnue au moment où la concession est intervenue.

Le cas n'a pas été prévu dans la loi, mais il a été visé par le comte Stanislas de Girardin dans le rapport qu'il a présenté au Corps législatif sur la loi du 21 avril 1810 : voilà ce qu'il en a dit ;

« La dernière disposition de l'art. 12 interdit
» toute recherche dans *un terrain déjà concédé.*
« Des recherches qui auraient pour objet la mine
» concédée seraient une entreprise sur la propriété
» d'autrui; S'il existait, dans un terrain déjà con-
» cédé, une mine inconnue, tous les motifs se
» réunissent pour en attribuer exclusivement la
» recherche au concessionnaire de la première. »

CHAPITRE III

TROISIÈME PROPOSITION. *De droit naturel, cette propriété nouvelle qui vient d'apparaître devrait
appartenir à celui qui l'a créée en quelque sorte
par la découverte qu'il en a faite, mais comme
c'est un intérêt d'ordre public, que cette richesse
soit exploitée aussi bien que possible, et comme il
se pourrait que l'inventeur ne fut pas l'exploitant
le plus apte à garantir à la société cette bonne exploitation dont elle a besoin, la société a cru devoir
se réserver la faculté d'exproprier cet inventeur de
la chose qui lui appartenait de droit naturel, afin
d'attribuer, dans un but d'utilité publique, la
propriété de cette chose à l'individu le plus apte à
la bien exploiter et à en tirer tout le parti possible.
Le concessionnaire qui reçoit ainsi la propriété de
la mine est tenu d'exploiter et de bien exploiter :
c'est à cette condition qu'il reçoit la concession.*

S'il est vrai, ainsi que nous venons d'essayer de
l'établir, que la mine, avant sa découverte, n'était
pas un bien, c'est-à-dire, une chose susceptible de
droits, et si elle ne commence à être un bien qu'au
moment précis où elle apparaît, il est vrai aussi, et

il faut affirmer, que de droit naturel, ce bien doit appartenir à celui qui l'a, pour ainsi dire, créé en le faisant apparaître.

Voyons si telle était bien la pensée des rédacteurs de la loi de 1810.

Pour notre compte, nous n'en saurions douter à la lecture des travaux préparatoires.

Nous rappellerons d'abord les paroles que nous avons rapportées plus haut et qui ont été prononcées par l'Empereur dans la séance du conseil d'Etat du 21 octobre 1808.

« La découverte d'une mine *crée une propriété* » *nouvelle.* Un acte du souverain est donc néces- ». saire pour que celui qui a fait cette découverte » puisse en *profiter,* et cet acte en réglera aussi » l'exploitation. »

Ces paroles, déjà si concluantes par elles-mêmes, empruntent une gravité et une portée particulière à cette circonstance, qu'elles furent prononcées précisément dans la séance où l'Empereur, avant de renvoyer le projet à la section de l'intérieur du conseil d'Etat pour qu'il reçut une nouvelle rédaction, posa définitivement les bases du système qu'il entendait faire consacrer par la loi à intervenir.

Nous citerons ensuite la séance du 8 avril 1809, où l'Empereur, fidéle à sa première manière de voir, répétait que « plus il y réfléchit, plus il trouve exacte » la définition qui qualifie les mines de propriété » nouvelle.

« Il faut, continuait-il, que l'acte de concession

» purge toutes les propriétés antérieures, celle de la
» superficie et même celle de l'inventeur. »

Dans la pensée de l'Empereur, la mine appartenait à l'inventeur : cela résulte bien expressément des citations que nous venons de faire, seulement nous sommes obligés de reconnaître que, là encore, l'idée n'est pas nettement exprimée, toujours, sans doute, par suite de la préoccupation que nous avons déjà constatée chez l'inspirateur du Code civil, de ne pas permettre que son art. 552 fut remis en question. Cette préoccupation fâcheuse, dont il ne se débarrassa guères qu'à la fin des travaux préparatoires, conduit encore une fois Napoléon à une contradiction flagrante, puisque nous le surprenons à parler en même temps et dans la même phrase, de la *propriété de la superficie* et de *la propriété de l'inventeur*, comme si l'une n'était pas exclusive de l'autre.

La rédaction de la loi se ressent un peu des incertitudes qui ont présidé à sa préparation, mais le droit de l'inventeur n'en est pas moins consacré assez clairement, puisqu'on stipule une *indemnité* pour lui dans le cas où il ne reçoit pas la concession de la mine. Or cette expression d'*indemnité*, dans la langue juridique, éveille immédiatement l'idée d'une expropriation pour cause d'utilité publique (article 545 code civil. — Loi du 16 sept. 1807. tit. XI. — Lois des 30 mars 1831, 7-9 juillet 1833, 3 mai 1841, sur l'expropriation pour cause d'utilité publique.)

Et si l'inventeur est considéré comme exproprié

au cas où il n'obtient pas la concession, c'est donc que pour le législateur de 1810, il était, de droit naturel, le seul véritable propriétaire de la mine.

(Loi 1810 art. 16.)

§ 1. « En cas que l'inventeur n'obtienne pas la » concession d'une mine, il aura droit à une *in-* » *demnité* de la part du concessionnaire; elle sera » réglée par l'acte de concession. »

L'inventeur est donc propriétaire de la mine, il l'est de droit naturel, ainsi que nous avons essayé de le démontrer dans le préambule de ce travail, et la loi de 1810 consacre son droit de propriété.

Seulement, comme c'est un intérêt de premier ordre pour la société qu'on tire de la mine tout le parti possible, et comme il se pourrait que l'inventeur ne fut pas l'homme le plus apte à garantir à la société cette bonne exploitation dont elle a besoin, comme, d'autre part, il y a lieu de définir et de limiter le droit de l'inventeur, pour éviter qu'un autre inventeur n'attaque le filon en quelqu'autre endroit de son parcours, nous avons essayé de démontrer que le pouvoir social, tuteur de la richesse publique, doit intervenir pour reconnaître, limiter et garantir cette propriété nouvelle qui vient d'être créée, et pour en attribuer l'exploitation, dans un but d'utilité publique, à celui qui est le plus en état de la mener à bien.

La loi de 1810 ne fait pas autre chose que d'appliquer ces principes, les seuls vrais dans la question, ainsi que nous avons essayé de l'établir.

Elle reconnaît que l'inventeur est propriétaire de la mine, mais elle décide qu'il appartiendra au pouvoir social seul de désigner celui à qui doit être confiée l'exploitation de la mine. Cet exploitant sera choisi à raison de son aptitude spéciale, à raison des ressources dont il dispose, à raison enfin de toutes les garanties de bonne exploitation qu'il peut donner à la société. C'est à cet homme ainsi reconnu le plus apte, que la société concède la propriété de la mine dont l'inventeur se trouve par suite dépouillé pour cause d'utilité publique. Seulement, comme personne ne peut être privé de sa propriété sans une juste indemnité, l'inventeur, s'il ne reçoit pas la concession de la mine, aura droit à une indemnité qui sera fixée, ainsi que nous le dirons plus loin. Cette indemnité est naturellement proportionnelle à la valeur de la mine, et il y a des exemples d'indemnités fixées à des sommes de plusieurs millions.

L'inventeur a droit, en outre, au remboursement des dépenses qu'il a faites et des travaux de toute nature qu'il a exécutés pour arriver à la découverte de la mine.

Tel est tout le système de la loi de 1810. Il résulte des articles suivants :

(L. 1810, art. 5.)

« Les mines ne peuvent être exploitées qu'en
» vertu d'un acte de concession délibéré en conseil
» d'Etat. »

(L. 1810, art. 7.)

« Il (cet acte) donne la propriété perpétuelle de
» la mine, etc. » (Voir ci-dessus.)

(L. 1810, art. 13.)

« Tout Français, ou tout étranger naturalisé ou
» non en France, agissant isolément, ou en société,
» a le droit de demander et peut obtenir, s'il y a
» lieu une concession de mines. »

(L. 1810, art. 14.)

« L'individu ou la société, doit justifier des facul-
» tés nécessaires pour entreprendre et conduire les
» travaux, et des moyens de satisfaire aux rede-
» vances, indemnités qui lui seront imposées par
» l'acte de concession. »

(L. 1810, art. 16.)

« Le gouvernement juge des motifs ou considé-
» rations d'après lesquels la préférence doit être
» accordée aux divers demandeurs en concession,
» qu'ils soient propriétaires de la surface, inven-
» teurs ou autres. — En cas que l'inventeur n'ob-
» tienne pas la concession d'une mine, il aura droit
» à une indemnité de la part du concessionnaire;
» elle sera réglée par l'acte de concession. »

(L. 1810. Titre IV.)

DE L'OBTENTION DES CONCESSOINS

ARTICLE 22

« La demande en concession sera faite par voie
» de simple pétition adressée au préfet qui sera
» tenu de la faire enregistrer à sa date sur un re-
» gistre particulier, et d'ordonner les publications
» et affiches dans les dix jours. »

ARTICLE 23

« Les affiches auront lieu, pendant quatre mois,
» dans le chef-lieu du département, dans celui de

» l'arrondissement où la mine est située, dans le
» lieu du domicile du demandeur, et dans toutes
» les communes dans le territoire desquelles la con-
» cession peut s'étendre ; elles seront insérées dans
» les journaux de département. »

ARTICLE 24

« Les publications des demandes en concession
» de mines auront lieu devant la porte de la mai-
» son commune et des églises paroissiales et con-
» sistoriales, à la diligence des maires à l'issue de
» l'office, un jour de dimanche et au moins une
» fois par mois pendant la durée des affiches. Les
» maires seront tenus de certifier ces publica-
» tions. »

ARTICLE 25

« Le secrétaire général de la préfecture délivrera
» au requérant un extrait certifié de l'enregistre-
» ment de la demande en concession. »

ARTICLE 26

. « Les demandes en concurrence et les opposi-
» tions qui y seront formées seront admises devant
» le préfet jusqu'au dernier jour du quatrième
» mois, à compter de la date de l'affiche ; elles

» seront notifiées par actes extrajudiciaires à la
» préfecture du département, où elles seront enre-
» gistrées sur le registre indiqué à l'art. 22. Les
» oppositions seront notifiées aux parties intéres-
» sées, et le registre sera ouvert à tous ceux qui en
» demanderont communication. »

ARTICLE 27

« A l'expiration du délai des affiches et publica-
» tions, et sur la preuve de l'accomplissement des
» formalités portées aux articles précédents, dans
» le mois qui suivra, au plus tard, le préfet du
» département sur l'avis de l'ingénieur des mines
» et après avoir pris des informations sur les droits
» et les facultés des demandeurs, donnera son avis,
» et le transmettra au ministre de l'intérieur. »

ARTICLE 28

« Il sera définitivement statué sur la demande
» en concession par un décret impérial délibéré en
» conseil d'Etat. — Jusqu'à l'émission du décret,
» toute opposition sera admissible devant le minis-
» tre de l'intérieur ou le secrétaire du Conseil d'E-
» tat ; dans ce dernier cas, elle aura lieu par une
» requête signée et présentée par un avocat du con-
» seil, comme il est pratiqué pour les affaires con-
» tentieuses ; et, dans tous les cas, elle sera notifiée
» aux parties intéressées. — Si l'opposition est

» motivée sur la propriété de la mine acquise par
» concession ou autrement, les parties seront ren-
» voyées devant les tribunaux et Cours. »

ARTICLE 29

« L'étendue de la concession sera déterminée par
» l'acte de concession; elle sera limitée par des
» points fixes pris à la surface du sol, et passant
» par des plans verticaux menés de cette surface
» dans l'intérieur de la terre, à une profondeur
» indéfinie; à moins que les circonstances et les
» localités ne nécessitent un autre mode de limita-
» tion. »

ARTICLE 30

« Un plan régulier de la surface, en triple expé-
» dition, et sur une échelle de dix millimètres pour
» cent mètres, sera annexé à la demande. Ce plan
» devra être dressé ou vérifié par l'ingénieur des
» mines, et certifié par le préfet du département. »

ARTICLE 31

« Plusieurs concessions pourront être réunies
» entre les mains du même concessionnaire, soit
» comme individu, soit comme représentant une
» compagnie, mais à la charge de tenir en activité
» l'exploitation de chaque concession. »

Tous ces articles consacrent bien expressément ce que nous avons dit du système de la loi du 21 avril 1810.

Tout individu peut demander et peut obtenir une concession (art. 13).

A charge de justifier des facultés nécessaires pour entreprendre et conduire les travaux (art. 14).

C'est le gouvernement qui juge des motifs ou considérations d'après lesquels la concession doit être accordée à l'un plutôt qu'à l'autre des demandeurs (art. 16).

Le gouvernement éclaire son choix par l'avis de l'ingénieur des mines et par les informations que doit recueillir le préfet sur les droits et facultés des demandeurs (art. 27).

Le concessionnaire doit tenir en activité l'exploitation de la concession (art. 31).

Cette condition se comprend d'elle-même. Si, en effet, c'est un intérêt d'ordre public que la mine soit exploitée et bien exploitée, et si cet intérêt est assez puissant pour motiver, ainsi que nous venons de le voir, une expropriation pour cause d'utilité publique du véritable propriétaire de la mine, c'est bien le moins que celui à qui on attribue la mine comme au plus capable de la bien exploiter, soit obligé, de par la concession qu'il reçoit, de tenir en activité cette exploitation qui intéresse si fort la société. Cette obligation est une des conditions de la concession, et s'il y manque, il manque à l'une des clauses, à la clause essentielle du con-

trat synallagmatique qu'il a passé avec la société
en acceptant la concession ; c'est bien ce qui résulte
des art. 48 et 49 de la loi de 1810.

(L. 1810, article 48.)

« Les ingénieurs des mines observeront la ma-
» nière dont l'exploitation sera faite, soit pour
» éclairer les propriétaires sur ses inconvénients,
» ou son amélioration, soit pour avertir l'adminis-
» tration, des vices, abus ou dangers qui s'y trou-
» veraient. »

ARTICLE 49

« Si l'exploitation est restreinte ou suspendue de
» manière à inquiéter la sûreté publique ou les
» besoins des consommateurs, les préfets, après
» avoir entendu les propriétaires, en rendront
» compte au ministre de l'intérieur pour y être
» pourvu ainsi qu'il appartiendra. »

Le principe est posé dans les articles que nous
venons de transcrire, malheureusement, cette disposition de la loi de 1810 est imparfaite, en ce
qu'elle manque de sanction. Elle établit bien que
le concessionnaire devra exploiter, mais elle n'é-
dicte aucune pénalité pour le cas où il n'exploiterait pas. Cette lacune est due encore à l'intervention personnelle de l'Empereur.

Aux termes du projet, en effet, les cas de cessation des travaux et d'abandon de la mine étaient spécialement prévus, et dans l'un et l'autre d'eux, la loi prononçait la déchéance du concessionnaire et le retour à l'Etat de la propriété de la mine. L'intérêt des créanciers du concessionnaire était sauvegardé par le droit qui leur était réservé de faire mettre la mine aux enchères pour se faire payer du montant de leurs créances sur le prix à provenir de la vente.

Ces dispositions furent écartées par l'Empereur, comme incompatibles avec le droit de propriété qu'il avait voulu créer au profit du concessionnaire de la mine. Sa volonté était que les mines fussent des propriétés inviolables et sacrées dans le fait et dans le droit, dont le concessionnaire ne pût être dépouillé par personne, même par l'Empereur qui, disait-il, « avec les nombreuses armées qu'il a à sa » disposition ne pourrait néanmoins s'emparer d'un » champ, parce que violer le droit de propriété dans » un seul, c'est le violer dans tous. »

« Pourquoi, s'écriait-il dans une autre séance, » pourquoi exiger plutôt d'un exploitant la continua- » tion de son exploitation qu'on n'exige d'un manu- » facturier de ne pas cesser ses travaux. La cessation » de ces deux industries peut également ruiner un » pays. Le concessionnaire est propriétaire incommu- » table. Il peut, comme tous les autres citoyens, dis- » poser à sa guise de ce qui lui appartient, il ne peut » être exproprié que par ses créanciers. »

Ces idées ne sont que spécieuses. L'Empereur, entraîné par sa préoccupation de faire de la mine une propriété de droit commun, inviolable et incommutable comme toute autre propriété, perdait de vue que le concessionnaire tenait cette propriété d'un véritable contrat synallagmatique passé avec l'Etat, et qu'il ne l'avait reçue qu'à la condition expresse de l'exploiter et de la mettre en valeur. Par suite, dès qu'il n'exploite pas, le concessionnaire manque à la condition essentielle de son contrat, et l'Etat peut demander la résolution pour inexécution.

Quoiqu'il en soit, et si simples et si incontestables que soient les principes que nous venons de rappeler, la manière de voir de l'Empereur prévalut au sein du Conseil d'Etat et du Corps législatif, et les art. 48 et 49 de la loi de 1810 restèrent dépourvus de sanction.

Les inconvénients de cette fâcheuse lacune ne tardèrent pas à se faire sentir. Et dès l'année qui suivit la promulgation de la loi sur les mines, nous voyons qu'un décret fut proposé pour y remédier. Malheureusement, il éprouva de longs retards par suite de divers désaccords, et les événements politiques de 1814, qui survinrent sur les entrefaites l'empêchèrent définitivement d'arriver à la vie.

C'est en 1838 seulement que fut édictée la sanction qui manquait aux art. 48 et 49 de la loi de 1810. Cette disposition complémentaire de la législation sur les mines est écrite dans les art. 6, 9 et 10 de la loi du 27 avril 1838, relative à l'asséchement et à l'exploitation des mines.

Cette loi dispose dans son art. 1er que lorsque plusieurs mines situées dans des concessions différentes seront atteintes ou menacées d'une inondation commune qui serait de nature à compromettre leur existence, la sûreté publique ou les besoins des consommateurs, le gouvernement pourra obliger les concessionnaires de ces mines à exécuter en commun et à leurs frais les travaux nécessaires, soit pour assécher tout ou partie des mines inondées, soit pour arrêter les progrés de l'inondation.

Le ministre décidera, d'après une enquête quelles sont les concessions inondées ou menacées d'inondation qui doivent opérer à frais communs les travaux d'asséchement, et un syndicat sera nommé pour diriger l'exécution des travaux (art. 2. L. 1838).

Une ordonnance rendue dans la forme des réglements d'administration publique, et après que les syndics auront été admis à faire leurs propositions, et les intéressés, leurs observations, déterminera l'organisation définitive et les attributions du syndicat ; les bases de la répartition, soit définitive, soit provisoire, de la dépense entre les concessionnaires intéressés, et la forme dans laquelle il sera rendu compte des recettes et des dépenses. Un arrêté ministériel déterminera, sur la proposition des syndics, le système et le mode d'exécution et d'entretien des travaux d'épuisement, ainsi que les époques périodiques où les taxes devront être acquittées par les concessionnaires. L. 1838, art. 3.

Les rôles de recouvrement des taxes réglées en vertu des articles précédents seront dressés par les syndics et rendus exécutoires par le préfet, (article 4).

Enfin, à défaut de paiement des taxes, et c'est là ce qui nous intéresse principalement dans cette loi de 1838, le retrait de la concession pourra être prononcé par le ministre dans la forme et suivant une procédure réglées dans l'article 6 dont voici la teneur :

(Loi 1838, article 6.)

«A défaut de paiement dans le délai de deux mois
» à dater de la sommation qui aura été faite, la mine
» sera réputée abandonnée ; le ministre pourra
» prononcer le retrait de la concession, sauf le re-
» cours au Roi en son Conseil d'Etat, par la voie
» contentieuse. — La décision du ministre sera
» notifiée aux concessionnaires déchus, publiée et
» affichée à la diligence du préfet. — L'administra-
» tion pourra faire l'avance du montant des taxes
» dues par la concession abandonnée, jusqu'à ce
» qu'il ait été procédé à une concession nouvelle,
» ainsi qu'il sera dit ci-après. — A l'expiration
» du délai de recours, ou en cas de recours,
» après la notification de l'ordonnance confir-
» mative de la décision du ministre, il sera pro-

» cédé publiquement, par voie administrative, à
» l'adjudication de la mine abandonnée. Les con-
» currents seront tenus de justifier des facultés suf-
» fisantes pour satisfaire aux conditions imposées
» par le cahier des charges. — Celui des concur-
» rents qui aura fait l'offre la plus favorable sera
» déclaré concessionnaire, et le prix de l'adjudica-
» tion, déduction faite des sommes avancées par
» l'Etat, appartiendra au concessionnaire déchu,
» ou à ses ayants droit. Ce prix, s'il y a lieu, sera
» distribué judiciairement et par ordre d'hypothé-
» que. — Le concessionnaire déchu pourra, jus-
» qu'au jour de l'adjudication, arrêter les effets de
» la dépossession, en payant toutes les taxes arrié-
» rées et en consignant la somme qui sera jugée
» nécessaire pour sa quote-part dans les travaux
» qui resteront encore à exécuter. — S'il ne se pré-
» sente aucun soumissionnaire, la mine restera à
» la disposition du domaine, libre et franche de
» toutes charges provenant du fait du concession-
» naire déchu. Celui-ci pourra, en ce cas, retirer les
» chevaux, machines et agrés qu'il aura attachés à
» l'exploitation, et qui pourront être séparés sans
» préjudice pour la mine, à la charge de payer tou-
» tes les taxes dues jusqu'à la dépossession, et sauf
» au domaine à retenir, à dire d'experts, les objets
» qu'il jugera utiles.

Eh bien, cette procédure de l'art. 6 pour arriver
au retrait de la concession et à la vente de la mine

aux enchères publiques, les art. 9 et 10 de cette même loi de 1838 nous disent qu'il faudra l'appliquer dans tous les cas où les concessionnaires se refusent à payer des travaux que l'administration avait droit de faire exécuter et a fait exécuter dans leurs mines.

Et dans tous les cas prévus par l'art. 49 de la loi du 21 avril 1870, et cet article se trouve ainsi armé de la plus efficace des sanctions.

(L. 1838, art. 9.)

« Dans tous les cas où les lois et règlements sur
» les mines autorisent l'administration à faire exé-
» cuter des travaux dans les mines aux frais des
» concessionnaires, le défaut de paiement de la
» part de ceux-ci donnera lieu contre eux à l'appli-
» cation des dispositions de l'art. 6 de la présente
» loi. »

(L. 1838, art. 10.)

« Dans tous les cas prévus par l'art. 49 de la loi
» du 21 avril 1810, le retrait de la concession et l'ad-
» judication de la mine ne pourront avoir lieu que
» suivant les formes prescrites par le même art. 6
» de la présente loi. »

Ainsi que nous l'avons dit plus haut, nous comprenons et approuvons sans réserve le principe posé par cette loi de 1838, du retrait de la concession au cas de non exploitation. En effet, à nos yeux, il y a, en ce cas, inexécution de la clause essentielle du contrat synallagmatique conclu entre le concessionnaire et la société, et, par suite, nous devons reconnaître à la société le droit d'annuler le contrat.

Le concessionnaire a reçu la mine à laquelle il n'avait aucun droit, à condition qu'il l'exploiterait, il ne l'exploite pas, il y a lieu de prononcer contre lui la déchéance de la concession.

Seulement, si nous approuvons le principe de la loi, nous ne pouvons ne pas critiquer le mode édicté par elle pour l'application de ce principe ; nous admettons qu'il y ait lieu de prononcer la déchéance au cas de non-exploitation, mais nous ne pouvons admettre que ce droit exorbitant de prononcer la déchéance soit attribué au ministre. Il y a là pour nous une violation flagrante des principes du droit public sur la séparation des pouvoirs, et une méconnaissance absolue des droits de la propriété. Il résulte bien, en effet, de la loi de 1810, et surtout des travaux préparatoires de cette loi, qu'on a entendu faire du concessionnaire de la mine un propriétaire véritable, nanti d'un droit inviolable et sacré, *et non plus un simple concessionnaire qu'un simple décret dépouille !* Ce sont les propres expressions de Napoléon. Il est donc absolument contraire aux principes de notre droit public que ce propriétaire puisse être dépouillé de son droit par une simple mesure administrative qui n'est entourée d'aucune des garanties de la décision judiciaire.

C'est aux tribunaux, et aux tribunaux seuls, qu'il eût dû appartenir de prononcer la déchéance du concessionnaire par suite de la résolution, pour inexécution des conditions, du contrat synallagmatique passé entre ce concessionnaire et l'Etat.

L'Etat, en s'arrogeant ce droit, se fait juge dans sa propre cause, et le particulier se trouve frustré des garanties que nos lois publiques accordent au plaideur.

Ces considérations n'avaient pas échappé aux rédacteurs de la loi de 1810, et voici ce que nous trouvons à cet égard dans le compte rendu d'une des séances du conseil d'Etat consacrées à la préparation de cette loi.

« Napoléon dit que la concession d'une mine cons-
» tituant une propriété, il faut que le concession-
» naire ne puisse être dépossédé que par les tribu-
» naux et non par un simple arrêté du ministre qui
» pourrait être surpris.......... »

M. l'archichancelier dit que « l'action administra-
» tive ne peut commencer qu'après que les tribu-
» naux ont jugé le fait.......... »

Napoléon demande « d'après quelles preuves l'ad-
» ministration prononcera. »

Le ministre de l'intérieur répond « que ce sera
» d'après les procès-verbaux. »

Napoléon dit « qu'un ministre négligent, ou
» même un préfet, adoptera sans examen les pro-

» cès-verbaux d'un ingénieur passionné ou haineux.

» . . . .

Napoléon dit que « le concessionnaire doit être
» libre d'exploiter ou de non exploiter, et que même
» sous ce rapport, il n'y a pas lieu de distinguer les
» mines des autres propriétés ; on ne fait pas de dif-
» férence pour les manufactures et les exploitations
» dont l'interruption peut aussi causer la ruine. »

Le comte Regnault dit « que du moins il convient
» d'obliger les tribunaux à prononcer dans la forme
» sommaire, et à employer des ingénieurs pour
» experts. »

Napoléon partage cette opinion. (Locré, tome IX,
p. 181 et 182).

Les dispositions de la loi de 1838 sont donc aussi
absolument contraires aux principes de la législation
sur les mines qu'aux principes du droit public français, et à ce double point de vue, elles sont extrêmement regrettables, d'autant plus regrettables
qu'elles ont été le point de départ, et qu'elles sont
comme l'excuse d'une nouvelle violation des mêmes
principes, nous voulons parler du décret du 23 octobre 1852. Cet acte a pour but d'interdire aux concessionnaires de mines de s'associer entre eux, et cette
prohibition, dont nous n'avons pas à apprécier la
légitimité, il l'édicte sous la sanction du retrait de
la concession, prononcé cette fois, sans aucune formalité et par simple arrêté ministériel. Il est impossible d'imaginer une disposition plus excessive

et plus exorbitante du droit commun. C'est la confiscation, ou à peu près, qui est ainsi réinscrite dans dans nos lois pénales. On peut douter, heureusement, que ce décret soit encore en vigueur et qu'il ait survécu au régime à qui il doit le jour. Aussi, ne le donnons-nous qu'à titre de renseignement.

(Décret du 23 octobre 1852)

Art. 1 : « Défense est faite à tout concessionnaire
» de mines, de quelque nature qu'elles soient, de
» réunir sa ou ses concessions à d'autres concessions
» de même nature, par association ou acquisition,
» ou de toute autre manière, sans l'autorisation du
» du gouvernement. »

Art. 2 : « Tous actes de réunion opérés en oppo-
» sition à l'article précédent seront, en conséquence,
» considérés comme nuls et non avenus, et pour-
» ront donner lieu au retrait des concessions, sans
» préjudice des poursuites que les concessionnaires
» des mines réunies pourraient avoir encourues
» en vertu des art. 414 et 419 du Code pénal. »

Il résulterait de ces dispositions, si on considérait qu'elles ont encore force de lois, que le concessionnaire se trouverait placé précisément dans cette situation, à laquelle Napoléon se proposait de le soustraire par la loi de 1810, de n'être plus qu'un simple détenteur précaire *qu'un simple décret dépouille.*

CHAPITRE IV

QUATRIÈME PROPOSITION. — *L'expropriation de l'inventeur n'a lieu que moyennant une indemnité. Cette indemnité peut se composer de deux parties, l'une représentative de la propriété de la mine ; l'autre, représentative de la valeur des travaux et constructions faits pour arriver à la découverte de la mine et en préparer l'exploitation ; cette dernière partie de l'indemnité est garantie par privilége sur la mine.*

Nous avons affirmé, par la proposition qui précède, que l'inventeur est, en droit naturel, le seul véritable propriétaire de la mine, et nous avons cherché à démontrer que c'est seulement après une véritable expropriation de cet inventeur pour cause d'utilité publique, que la mine a pu être concédée à un autre, la conséquence, c'est qu'il y a lieu à indemnité au profit de l'inventeur ainsi exproprié.

L'art. 545 du Code civil dispose en effet que :

« Nul ne peut être contraint de céder sa propriété » si ce n'est pour cause d'utilité publique, et moyen- » nant une juste et préalable indemnité. »

Cette indemnité au profit de l'inventeur de la mine est écrite dans l'art. 16 *in fine* de la loi du 21 avril 1810.

(L. 1810, art. 16.)

Second alinéa. « En cas que l'inventeur n'ob-
» tienne pas la concession d'une mine, il aura droit
» à une *indemnité* de la part du concessionnaire ;
» elle sera réglée par l'acte de concession. »

Ainsi que nous l'avons déjà fait ressortir, l'emploi
de cette expression *indemnité*, qui dans la langue
juridique désigne spécialement le prix d'une expropriation, suffirait à nous prouver que dans la pensée
des rédacteurs de la loi de 1810, il y a bien une
véritable expropriation de l'inventeur, mais nous
n'avons plus maintenant à insister sur ce point
que nous croyons avoir suffisamment établi. Nous
ferons seulement remarquer que notre loi de 1810 n'a
jamais qualifié d'*indemnités* les prestations dont elle
pose le principe au profit du propriétaire de la surface : elle les a appelées *redevances*, *droits*, mais
jamais elle ne les a appelées *indemnités*, et jamais
elle n'a décidé que ces prestations seraient payées
antérieurement à la prise de possession par le concessionnaire, ainsi qu'elle semble le faire pour l'indemnité des inventeurs, c'est donc qu'elle ne considérait pas qu'elles fussent, comme cette dernière
somme, le prix d'une expropriation. La pratique
s'est conformée à cette manière de voir, et tandis
que l'administration alloue au propriétaire de la

surface des sommes véritablement dérisoires, (dix centimes, ou même cinq centimes par hectare), nous voyons qu'elle attribue aux inventeurs des indemnités tout à fait sérieuses et qui se sont élevées parfois à des sommes considérables.

C'est ainsi que l'art. 4 de l'Ordonnance du 21 août 1825, concernant la concession faite à l'Etat des mines de sel gemme des départements de l'Est, a réglé à deux millions de francs le droit attribué aux inventeurs, indépendamment du remboursement des avances qu'ils ont faites pour la recherche du sel gemme et indépendamment aussi de la valeur des travaux existant à l'époque de la concession.

C'est ainsi encore qu'en 1828, les sieurs Chambon, Vuilleret et Cie, héritiers des sieurs Berthod et Lamoz, qui avaient découvert les mines de houille de Gouhenans, virent fixer à vingt mille francs leur indemnité d'inventeurs.

Mais quant à cette qualité d'inventeur, remarquons qu'il n'y a lieu de la reconnaître, aux termes de l'instruction ministérielle du 3 août 1810, qu'à celui qui a « réellement découvert la mine et a fait connaître la disposition des amas, couches et filons, » de manière à démontrer la possibilité de leur exploitation. Celui qui aurait simplement constaté des affleurements *faisant supposer* la présence de matières minérales exploitables, ne serait pas un *inventeur* aux yeux de l'administration, par application de l'instruction ministérielle précitée.

Cette indemnité due à l'inventeur peut être composée de deux parties, l'une représentant la valeur de la mine proprement dite, et résultant de l'art. 16, l'autre représentant la valeur des travaux faits pour rechercher la mine et pour préparer son exploitation (Art. 20).

La première de ces deux parties de l'indemnité a forcément un caractère aléatoire, puisqu'il est impossible, au moment de la concession, de savoir au juste quelle est, et surtout quelle sera la valeur de la mine. La fixation en sera donc toujours chose extrêmement délicate : elle devra être faite dans l'acte même de concession, (art. 16), et il semble d'après les termes de l'art. 16, que le paiement lui-même doive avoir lieu aussi à ce moment, c'est-à-dire, antérieurement à la prise de possession. Cette interprétation serait d'ailleurs conforme au vœu de l'art. 545, du Code civil qui s'oppose à ce que la dépossession du propriétaire ait lieu avant le paiement d'une juste et *préalable* indemnité. Ce qui tendrait encore à la faire prévaloir, c'est que nous ne voyons pas que la loi de 1810 ait entouré d'aucune garantie cette partie de l'indemnité tandis qu'au contraire, pour la seconde partie, elle a édicté des mesures de protection que nous allons étudier.

Cette seconde partie de l'indemnité due à l'inventeur représente les frais faits pour les recherches de la mine, ainsi que pour les travaux de construction ou confection de machines nécessaires à son exploitation. Elle peut donc être fixée, elle, d'après des éléments certains, c'est au conseil de préfecture qu'est remis ce soin en vertu de l'art. 46 de la loi de 1810.

« Toutes les questions d'indemnités à payer par
» les propriétaires de mines à raison des recherches
» ou travaux antérieurs à l'acte de concession
» seront décidées conformément à l'art. 4, de la loi
» du 28 pluviôse an VIII. »

Cet art. 4 de la loi du 28 pluviôse an VIII, est celui qui règle la compétence des conseils de préfecture et qui leur attribue la connaissance d'un certain nombre de difficultés de l'ordre administratif.

A toutes les questions énumérées dans cet art. 4, de la loi de pluviôse an VIII, la loi de 1810 nous prescrit d'ajouter les questions d'indemnité à payer par les propriétaires de mines, à raison des recherches ou travaux antérieures à l'acte de concession, et sa décision est suffisamment justifiée par la considération que la fixation des indemnités dont il s'agit intéresse au plus haut point l'administration, et que d'ailleurs les travaux qu'il y a lieu d'apprécier n'ont pu être faits qu'en vertu d'autorisations administratives.

Les règles relatives à cette fixation d'indemnités sont contenues, notamment dans deux ordonnances royales, la première du 13 septembre 1820, et la seconde du 19 août 1837. Ces documents disposent que l'inventeur aura droit à une indemnité pour tous ceux de ses travaux qui auront été bien diri-

gés ; non-seulement pour ceux qui auront amené
un résultat, mais encore pour ceux qui, ayant été
conduits conformément aux principes de la science
minéralogique, auraient pu en amener un.

« Dans l'examen de ces questions, dit l'ordon-
» nance de 1820, seront considérés comme travaux
» utiles aux concessionnaires, d'une part, tous les
» puits, galeries et ouvrages d'art quelconques qui
» seront reconnus applicables à la poursuite d'une
» bonne exploitation, et d'autre part, tous les ou-
» vrages d'art qui seront reconnus avoir contribué
» à faire connaître le gîte exploitable. Le tout, d'a-
» près le procès-verbal dressé par l'ingénieur des
» mines, ou d'après les expertises que le conseil de
» préfecture ordonnera, s'il y a lieu conformément
» à l'art. 88, de la loi de 1810. »

Les dispositions de la loi de 1810, touchant les
expertises qui seraient à faire, sont ainsi conçues :

(L. 1810, art. 87.)

« Dans tous les cas prévus par la présente loi et
» autres naissant des circonstances, où il y aura
» lieu à expertise, les dispositions du titre XIV, du
» Code de procédure civile, art. 303 à 323 seront
» exécutées. »

Les articles du Code de procédure ainsi visés ont
trait au mode de nomination des experts, aux
règles sur leur récusation, sur leur prestation de

serment et sur la rédaction et le dépôt de leur rapport.

(L. 1810, art. 88.)

« Les experts seront pris parmi les ingénieurs
» des mines, ou parmi les hommes notables et ex-
» périmentés dans le fait des mines et de leurs tra-
» vaux. »

(L. 1810, art. 88.)

« Le procureur du Roi sera toujours entendu,
» et donnera ses conclusions sur le rapport des
» experts. »

(L. 1810, art. 90.)

« Nul plan ne sera admis comme pièce probante
» dans une contestation, s'il n'a été levé ou vérifié
» par un ingénieur des mines. La vérification des
» plans sera toujours gratuite. »

La partie de l'indemnité de l'inventeur réprésentant la valeur des travaux faits pour rechercher la mine et préparer son exploitation, rentre dans la catégorie des créances énumérées en l'art. 2103 (4°) du Code civil, celles des architectes, entrepeneurs et maçons pour travaux ayant donné une plus value à l'immeuble et nous pensons qu'elle doit être garantie par le privilége établi dans l'article susvisé (2103-4°) au profit des créances dont nous venons de parler.

Cette décision se déduit logiquement des principes du Code civil sur les priviléges, mais nous n'aurions pas cru pouvoir l'adopter, toute la matière des priviléges étant de droit étroit, si nous n'avions l'art. 20 de la loi du 21 avril 1810. Il est ainsi concu :

(L. 1810, art. 20.)

« Une mine concédée pourra être affectée par
» privilége en faveur de ceux qui, par acte public et
» sans fraude, justifieraient avoir fourni des fonds
» pour les recherches de la mine, ainsi que pour
» les travaux de construction ou confection de
» machines nécessaires à son exploitation, à la
» charge de se conformer aux art. 2103 et autres
» du Code civil, relatifs aux priviléges. »

Cet art. 20 ne s'applique pas explicitement aux inventeurs, il est écrit au profit des tiers qui leur auraient fourni des fonds destinés aux recherches ou aux travaux de la mine, et il établit leur droit au privilége de l'art. 2103, or ces tiers n'ayant de droits que par suite de la subrogation résultant à leur profit des art. 1250 (2°) et 2103 (2° 4° et 5°) du Code civil ne peuvent avoir de privilége que celui qui aurait préalablement appartenu à l'inventeur à raison de ses recherches et de ses travaux, nous avons donc raison de dire que l'art. 20 consacre

implicitement le droit des inventeurs à un privilége sur la mine, pour la partie de son indemnité
représentative de la valeur des travaux faits par lui
pour rechercher la mine et préparer son exploitation.

Quant aux tiers qui auraient fourni les fonds
pour les travaux dont il s'agit, ils seront subrogés
dans les droits et priviléges de l'explorateur conformément à l'art. 1258 (2°) du Code civil, pourvu
qu'il ait été constaté authentiquement, par l'acte
d'emprunt, que la somme prêtée par eux était destinée à cet emploi de payer les travaux de la mine,
et pourvu encore qu'il ait été constaté, toujours
authentiquement, par les quittances des entrepreneurs, que c'est bien avec les deniers prêtés que
les travaux ont été payés.

Les articles du Code civil applicables à l'espèce
sont les suivants :

(art. 1249.)

« La subrogation dans les droits du créancier
» au profit d'une tierce personne qui le paie est,
» ou conventionnelle, ou légale. »

(art. 1258.)

Cette subrogation est conventionnelle :
1° ....
« 2° Lorsque le débiteur emprunte une somme

» à l'effet de payer sa dette et de subroger le prê-
» teur dans les droits du créancier. Il faut, pour que
» cette subrogation soit valable, que l'acte d'em-
» prunt et la quittance soient passés devant notai-
» res; que dans l'acte d'emprunt, il soit déclaré que
» la somme a été empruntée pour faire le paiement
» et que dans la quittance il soit déclaré que le
» paiement a été fait des deniers fournis à cet effet
» par le nouveau créancier. Cette subrogation
» s'opère sans le concours de la volonté du créan-
» cier. »

(art. 2103.)

Les créanciers privilégiés sur les immeubles
sont :
1° . . . .

« 2° Ceux qui ont fourni les deniers pour l'ac-
» quisition d'un immeuble, pourvu qu'il soit au-
» thentiquement constaté, par l'acte d'emprunt
» que la somme était destinée à cet emploi, et, par
» la quittance du vendeur, que ce paiement a été
» fait des derniers empruntés; »

3° . . . .

« 4° Les architectes, entrepreneurs, maçons et
» autres ouvriers employés pour édifier, recons-
» truire ou réparer des bâtiments, canaux ou autres
» ouvrages quelconques, pourvu néanmoins que,
» par un expert nommé d'office par le tribunal de

» 1re instance dans le ressort duquel les bâtiments
» sont situés, il ait été dressé préalablement un pro-
» cès-verbal, à l'effet de constater l'Etat des lieux
» relativement aux ouvrages que le propriétaire dé-
» clarera avoir dessein de faire, et que les ouvrages
» aient été dans les six mois au plus de leur perfec-
» tion, reçus par un expert également nommé
» d'office ; — mais le montant du privilége ne peut
» excéder les valeurs constatées par le second procès
» verbal, et il se réduit à la plus value existante à
» l'époque de l'aliénation de l'immeuble et résul-
» tant des travaux qui y ont été faits ; »

« 5° Ceux qui ont prêté les deniers pour payer
» ou rembourser les ouvriers, jouissent du même
» privilége, pourvu que cet emploi soit authenti-
» quement constaté par l'acte d'emprunt et par la
» quittance des ouvriers, ainsi qu'il a été dit ci-des-
» sus pour ceux qui ont prêté les deniers pour l'ac-
» quisition d'un immeuble. »

CHAPITRE V

CINQUIÈME PROPOSITION. — *La mine, cette propriété
nouvelle qui vient de prendre naissance et d'être
reconnue et consacrée par le pouvoir social, étant
enclavée de toutes parts par la propriété de la
superficie qui lui est superposée, il y a lieu de faire
bénificier celui qui l'exploite des dispositions de
l'article 682 du Code civil.*

*En conséquence, par application de cet article 682,
et mieux encore par la force des choses, toute la
surface du terrain superposé à la mine, sauf
quelques parcelles réservées, se trouve grevée d'une
servitude d'utilité publique au profit de la mine.*

*Cette servitude consiste dans le droit pour le proprié-
taire de la mine de passer sur les terrains superposés à sa propriété, de les forer de puits ou de
prises d'air, et de les occuper temporairement ou
même définitivement, le tout, sauf indemnités prévues et réglées aux articles 43 et 44 de la loi de
1810.*

*Cette servitude prend naissance au moment même
de la concession, c'est-à-dire, au moment ou la
mine commence à exister à l'état de propriété
nouvelle ; elle est créée moyennant le paiement*

*annuel au propriétaire de la surface d'une cer-
taine redevance sur le produit de la mine.*

La concession de la mine séparant définitivement
la propriété du dessous de la propriété du dessus,
nous nous trouvons en présence de deux propriétés
absolument distinctes, mais égales entre elles et
revêtues toutes deux de ce caractère de perpétuité,
de transmissibilité et d'inviolabilité qui constitue
la propriété.

L'une de ces deux propriétés, la mine, est enclavée de toutes parts par l'autre propriété, la surface.
On ne peut pénétrer dans l'une qu'en traversant
l'autre, et celle-ci, la surface, est totalement, et par
la force des choses, soumise à une sorte de servitude
au profit de celle là, la mine.

Cette servitude résulte de l'article 682 du Code
civil qui est ainsi conçu ;

(Code civil. article 682.)

« Le propriétaire dont les fonds sont enclavés et
» qui n'a aucune issue sur la voie publique, peut ré-
» clamer un passage sur les fonds de ses voisins pour
» l'exploitation de son héritage, à la charge d'une
» indemnité proportionnée au dommage qu'il peut
» occasionner. »

Et elle est reconnue et organisée spécialement au

profit de la mine par les articles suivants de la loi
du 21 avril 1810.

(Loi 1810, article 10.)

« Nul ne peut faire des recherches pour décou-
» vrir des mines, enfoncer des sondes ou tarières
» sur un terrain qui ne lui appartient pas, que du
» consentement du propriétaire de la surface, ou
» avec l'autorisation du gouvernement donnée
» après avoir consulté l'administration des mines,
» à la charge d'une préalable indemnité envers le
» propriétaire et après qu'il aura été entendu. »

(Loi 1810, article 11.)

« Nulle permission de recherches ni concession de
» mines ne pourra, sans le consentement formel
» du propriétaire de la surface, donner le droit de
» faire des sondes et d'ouvrir des puits et galeries,
» ni celui d'établir des machines ou magasins dans
» les enclos murés, cours ou jardins, ni dans les
» terrains attenant aux habitations ou clôtures
» murées, dans la distance de cent mètres desdites
» clôtures ou des habitations. »

Les articles que nous venons d'indiquer distinguent deux époques, celle qui précéde et celle qui
suit la concession. Avant la concession, la mine
n'existe pas encore aux yeux de la loi, il y a seu-

lement espérance qu'elle pourra exister, et c'est précisément cette espérance qu'il s'agit de contrôler et de vérifier. Eh bien, même à cette époque, la seule possibilité de l'existence d'une mine affecte déjà tellement la propriété de la surface, que des fouilles peuvent être autorisées par le gouvernement malgré la volonté du propriétaire de la surface, pourvu que l'administration compétente ait reconnu qu'il y a de fortes raisons de croire à l'existence d'une mine. Mais ce n'est pas de cette époque préalable à la concession que nous avons à nous occuper ici, puisqu'à ce moment, la propriété du dessous n'ayant pas encore reçu son existence légale, il ne peut être question d'une servitude à son profit sur la propriété de la surface.

Venons donc à la seconde époque, la seule qui nous intéresse, et voyons quelle est, après la concession, la situation respective des deux propriétés qui viennent de commencer à coexister. Cette situation est réglée par l'article 11 ci-dessus transcrit.

« Nulle concession de mines ne pourra, sans le con-
« sentement formel du propriétaire de la surface,
« donner le droit de faire des sondes, d'ouvrir des
« puits, dans les enclos murés, jardins, etc. »

D'où nous concluons, par un invincible argumenl *à contrario* que, dans tous les lieux non réservés par l'article 11, c'est-à-dire, sur la plus grande partie de la surface de la mine, la concession donne droit de faire, sans le consentement du propriétaire, et même malgré sa volonté, tous travaux de sondage, de forage de puits, de constructions de machines, etc.

Le concessionnaire pourra donc, en vertu de ce droit de servitude qui lui est si expressément reconnu par l'article 11, occuper la propriété de la surface, la percer, la couvrir de constructions, y déposer le minerai extrait, et par suite y pratiquer des chemins, sans que le propriétaire puisse s'y opposer, mais à la charge de lui payer une certaine indemnité, ainsi que nous le verrons plus loin.

La seule portion de la surface exceptée de la servitude est celle spécifiée dans l'art. 11, c'est la portion à usage de cours, jardins ou enclos murés, et le terrain attenant aux habitations ou clôtures murées, dans la distance de cent mètres desdites clôtures ou habitations.

On conçoit facilement les motifs d'une telle limitation, le respect du domicile la commandait : mais remarquons qu'elle ne s'applique qu'à l'occupation même de la surface par des actes tels que ceux indiqués dans l'art. 11, et que, quant aux travaux souterrains et aux galeries de la mine, le concessionnaire peut les continuer même sous les bâtiments et enclos murés, à la seule condition d'une caution qu'il donnera de payer les dommages que ces travaux pourraient occasionner : cela résulte expressément de l'art. 15 ainsi conçu.

(Loi 1810, art. 15.)

« Il (le concessionnaire) doit aussi, le cas arrivant
» de travaux à faire sous les maisons ou lieux d'ha-
» bitation, sous d'autres exploitations ou dans leur
» voisinage immédiat, donner caution de payer
» toute indemnité, en cas d'accident : les demandes
» ou oppositions seront en ce cas portées devant
» nos tribunaux et cours. »

Deux questions assez graves ont été soulevées
sur l'art. 11 de la loi de 1810.

La première, est celle de savoir si la prohibition
résultant de cet article protége également les habitations ou enclos murés qui n'existaient pas au
moment de la concession et n'ont été édifiés que
depuis.

Pour soutenir l'affirmative, on fait valoir, et cette
argumentation est extraite d'un arrêt de la Cour
de Dijon, rendu toutes chambres réunies, le
25 mai 1838.

« Que les droits inhérents à la propriété primi-
» tive de la surface restent entiers sous les modifi-
» cations portées aux art. 43 et 44 de la loi de 1810,
» qu'aucune autre disposition n'ayant limité les
» droits du propriétaire du sol, on doit en conclure
» que ces droits restent tels qu'ils sont garantis
» par l'art. 514 du Code civil, et que, s'il en était
» autrement, on arriverait à cette conséquence que

» tous les terrains compris dans le vaste périmètre
» d'une concession *seraient frappés d'interdiction*
» par le droit de concession.

« Que les propriétaires du sol ne pourraient plus,
» sans s'exposer à des pertes plus que certaines, en
» augmenter la valeur par des constructions,
» qu'ainsi il y aurait une *espèce d'expropriation*
» prononcée contre eux *sans aucune indemnité*, et
» que celle fixée par les art. 6 et 42 n'est que la
» représentation de la valeur des substances miné-
» rales dont ils sont privés;

« Qu'ainsi, en se pénétrant des dispositions de la
» loi de 1810 et de l'esprit qui les a dictées, on doit
» arriver à cette conclusion que, même après l'acte
» de concession d'une mine, les propriétaires de la
» surface peuvent y faire toutes les constructions
» et travaux qui doivent en augmenter la valeur,
» creuser le sol pour pratiquer des puits et caves. »

Cet arrêt de la Cour de Dijon ayant été l'objet
d'un pourvoi en cassation, l'affaire vint devant les
chambres réunies de la Cour de cassation, et la
doctrine de l'affirmative y fut reprise et défendue
par le procureur général Dupin, dans les termes
suivants :

« Si telle était la conséquence d'une concession
» de mines, qu'elle imposât le *statu quo* à la super-
» ficie, il n'en résulterait pas seulement un dom-
» mage privé, mais tout le périmètre, souvent très-
» étendu, d'une concession de mines serait frappé
» de la même interdiction,

« Les habitations ne pourraient plus se multi-
» plier et s'agglomérer ; on défendrait de construire
» une église, parce que le clocher chargerait trop la
» mine ; d'établir des cimetières, parce qu'il faudrait
» creuser le terrain pour ensevelir des morts ; l'Etat
» serait destitué du droit de sillonner ce territoire
» par des routes nouvelles ; ce serait, en un mot, le
» désert imposé dans tout le périmètre de la conces-
» sion, à moins que, pour chaque usine nouvelle,
» les particuliers, les communes, l'Etat ne vinssent
» demander à prix d'argent le consentement des
» concessionnaires qui exerceraient ainsi une sorte
» de suzeraineté......

« Ou je m'abuse, ou telle ne peut pas être la con-
» dition de ceux qui habitent et exploitent le sol,
» c'est-à-dire, de l'humanité tout entière, vis-à-vis
» des propriétaires souterrains des mines. Loin que
» la surface leur soit assujettie en aucune façon,
» c'est, au contraire, la mine qui, par le seul fait
» de la situation des lieux, est assujettie à toutes
» les conséquences qui résultent de l'infériorité de
» de cette situation. »

Malgré l'arrêt de la Cour de Dijon et l'autorité du
procureur général Dupin, la Cour de cassation, qui
avait jugé une première fois, le 18 juillet 1837, *que
l'art. 11 de la loi du 21 avril 1810 ne pouvait être
appliqué* AUX ÉTABLISSEMENTS FORMÉS APRÈS LA
CONCESSION, persévéra dans sa première opinion,
et, cassant l'arrêt précité de Dijon, elle décida, par
un arrêt des chambres réunies du 3 mars 1841,

rendu contrairement aux conclusions de M. Dupin :

« Que la concession de la mine a pour objet l'ex-
» ploitation de la matière minérale qu'elle renferme;
» que le concessionnaire, auquel cette exploita-
» tion est interdite, *pour un fait à lui étranger,*
» sur une partie du périmètre de la mine, est privé
» des produits de *sa propriété* et éprouve *une véri-*
» *table éviction* dont *il doit être indemnisé;*

« Qu'à la vérité, l'art. 50 de la loi de 1810 confère
» à l'autorité administrative le droit de pourvoir
» par des mesures de sûreté publique à la sûreté
» des habitations de la surface, mais que cette
» disposition, n'altère en rien le droit de propriété
» du concessionnaire et ne lui impose pas l'obliga-
» tion de subir la perte d'une partie de sa conces-
» sion à raison *de la création* d'un *établissement*
» *nouveau.* »

Dans l'espèce, il s'agissait de savoir si les concessionnaires d'une mine, sur la surface de laquelle
un chemin de fer venait d'être concédé et construit,
pouvaient recevoir l'interdiction d'exploiter la
mine au dessous de ce chemin de fer, et si cette
interdiction pouvait être prononcée sans indemnité pour eux.

La Cour de cassation a décidé, ainsi qu'on peut
le voir par les passages plus haut rapportés de son
arrêt, que le gouvernement avait pu valablement
concéder un chemin de fer passant par la surface
de la mine, et que, par mesure de sûreté publique,
il pouvait interdire au dessous de ce chemin de fer

une exploitation de mine présentant des dangers d'effondrement, mais qu'en réalité, il y avait là une véritable expropriation pour cause d'utilité publique du concessionnaire de la mine, et que, par suite, il y avait lieu à une indemnité à son profit, et cela, parce que l'étendue de la concession et du droit du concessionnaire est fixée par la situation qu'avait la surface au moment de la concession, et que cette étendue ne peut être *restreinte* après coup par la *création* d'un *établissement nouveau*, sans qu'il y ait lieu *à une indemnité* pour ce *propriétaire ainsi évincé d'une partie de la chose.*

D'où il résulte implicitement et d'une manière invincible que c'est *au moment de la concession* qu'il faut se placer pour savoir *quels terrains* sont exceptés, par application de l'article 11, de la servitude de passage et d'occupation éventuelle dont nous venons de constater l'existence sur la surface au profit de la mine.

Cette opinion nous paraît être la seule vraie, et nous nous y tenons énergiquement, quoique la Cour de cassation se soit déjugée depuis (arrêt du 19 mai 1856).

Malgré l'autorité de cet arrêt, nous continuons à penser que la prohibition de l'article 11, ne s'applique qu'aux habitations ou terrains clos au moment de la concession, et que les propriétaires de la surface, qui postérieurement à la concession élèvent des constructions ou des clôtures sur leur terrain, le font à leurs risques et périls, et ne peuvent

invoquer, pour la protection des édifices ainsi éle-
vés par eux sur un terrain irrévocablement asser-
vi à la mine, le bénéfice des dispositions de l'article 11.

Cela résulte expressément pour nous des articles
29 et 30 de la loi de 1810.

(L. 1810, art. 29.)

« L'étendue de la concession sera fixée par l'acte
» de concession. . . . .
» . . . . , ...

(L. 1810, art. 30.)

« Un plan régulier de la surface en triple expé-
» dition, et sur une échelle de dix millimètres pour
» cent mètres, sera annexé à la demande. — Ce
» plan devra être dressé ou vérifié par l'ingénieur
» des mines, et certifié par le Préfet du dépar-
» tement.

Ou ces articles ne signifient rien, ou ils veulent
dire que l'étendue des droits du concessionnaire est
fixée définitivement et irrévocablement par la
situation de la surface au moment de la concession ;
et c'est pour cela que cette situation est constatée
par le plan dressé en conformité de l'article 30.

Les constructions et clôtures existant à ce moment de la concession et constatées par le plan de

l'article 30, sont dès lors les seules en faveur desquelles on puisse invoquer le bénéfice de l'article 11, et il ne peut dépendre du propriétaire de la surface de restreindre le droit du concessionnaire de la mine en élevant, postérieurement a la concession, des constructions en faveur desquelles il invoquerait l'article 11.

Il nous paraît évident que le législateur a voulu que l'étendue des droits de chacun fut fixée alors et qu'il ne fut pas plus permis au propriétaire du dessous d'aggraver la servitude qu'au propriétaire du dessus de la restreindre.

Autrement, comme le constate lui-même un de nos adversaires, M. l'avocat général de Reynal, dans un réquisitoire prononcé devant la Cour de cassation, le 23 juillet 1862, rien ne serait plus facile que d'organiser contre les concessions de mine des spéculations impossibles à déjouer. On chercherait les parties du sol les plus dangereusement minées, celles où la situation des gisements a contraint les propriétaires de la mine à s'approcher le plus près de la surface et à laisser là la croûte de terre la plus mince, celles ne pouvant évidemment supporter le fardeau de nouveaux édifices, et c'est précisément sur ces parties du sol qu'on éléverait des constructions plus ou moins coûteuses. Ou encore, on irait précisément construire dans le voisinage d'un puits d'aérage ou d'extraction, et on le ferait ensuite fermer par application de l'article 11.

Il paraît bien d'ailleurs à la lecture du procès

verbal de la séance du Conseil d'Etat du 10 octobre
1809, que dans la pensée des rédacteurs de la loi de
1810, l'article 11 doive être appliqué seulement, ainsi
que nous le voulons, aux constructions existant
au moment de la concession. Le comte Fourcroy
dit bien, en effet que les propriétaires de la surface
en pourront plus *que la cultiver et en prendre la
récolte*, suivant les règles du droit *commun*.

Et l'archichancelier constate, tout en le regret-
tant, que l'on entend que la disposition de l'article 11 ne soit pas étendue aux enclos construits
depuis l'exploitation commencée.

La seconde question qui s'élève sur l'art. 11 est
celle de savoir si la disposition de cet article peut
être invoquée, même par le propriétaire des constructions et enclos qui n'est pas en même temps
propriétaire des cent mètres de terrain y attenant,
et si, par suite, ce propriétaire peut être admis à
s'opposer à l'ouverture d'un puits chez son voisin.
dans un terrain sur lequel il n'a aucun droit, mais
qui se trouve à moins de 100 mètres de sa clôture
ou de son habitation.

L'affirmative a été admise par un arrêt de la Cour
de Dijon du 20 août 1858, qui est ainsi conçu :

« Considérant qu'il est constant en fait que Cha-
» mussy, gérant des mines de la Romanéche, a fait
» ouvrir un puits d'extraction dans un champ lui
» appartenant, situé à moins de 100 mètres des
» maisons et enclos construits par Gaillard en 1852,

« Que celui-ci a formé une demande ayant pour

» but la fermeture de ce puits, en vertu de l'art. 11
» de la loi du 21 avril 1810, et que la compagnie a
» résisté à cette demande, en opposant deux moyens;
» elle a soutenu que l'art. 11 n'était pas applicable :

» 1º Parce que le puits, dont la suppression a été
» demandée, a été ouvert dans un terrain dont la
» *superficie lui appartient*,

» 2º Parce que la maison et l'enclos de Gaillard ont
» été construits à une époque *postérieure* à la con-
» cession,

» Sur le premier moyen,

» Considérant que le motif qui a présidé à la ré-
» daction de l'art. 11 de la loi du 21 avril 1810, a été
» de donner paix et sécurité aux habitations et aux
» enclos murés qui pourraient se trouver dans le
» périmètre des concessions de mines;

» Que le législateur a pensé avec raison que la
» propriété bâtie serait dépréciée si les compagnies
» exploitantes pouvaient établir, à moins de 100 mè-
» tres de distance, des puits et des machines, sans
» le consentement des propriétaires de maisons et
» enclos murés ;

» Que le motif est le même, quelle que soit la
» personne à laquelle appartienne le terrain sur
» lequel le puits est ouvert, et que peu importe donc
» que la compagnie soit propriétaire de la surface
» sur laquelle est pratiqué son puits, puisqu'elle ne
» s'est pas conformée aux prescriptions de la dispo-
» sition de l'art. 11 invoqué contre elle.

Sur le deuxième moyen,

. . . .

« La cour fait défense à Chamussy et compagnie
» de continuer le creusement et l'exploitation du
» puits qu'ils ont établi à moins de 100 mètres de
» distance des maisons et enclos de Gaillard ;

» Condamne Chamussy et compagnie à combler
» ledit puits dans la quinzaine, passé le délai sans
» exécution de la part des intimés, autorise Gail-
» lard à faire exécuter le comblement à leurs frais. »

Cet arrêt de la Cour de Dijon a été confirmé par
arrêt de la Cour suprême du 31 mai 1859.

« Attendu que l'art. 11 de la loi du 21 avril 1810
» qui interdit de faire des sondes, d'ouvrir des
» puits ou galeries, d'établir des machines, des ma-
» gasins, dans les lieux qu'il spécifie, à moins de
» 100 mètres de distance des habitations ou clôtures
» murées, contient une disposition générale qui
» n'admet aucune distinction.

» Que cette mesure étant fondée sur le respect et
» la liberté du domicile, il importe peu que le pro-
» priétaire des constructions le soit en même temps
» des 100 mètres de terrain y attenant, puisqu'il a
» un intérêt toujours égal à l'éloignement de ces
» travaux.

» Qu'il n'y a pas lieu de distinguer entre les cons-
» tructions antérieures et celles postérieures, soit à
» la concession, soit à l'exploitation de la mine, etc.

Malgré les deux arrêts que nous venons de rapporter, nous croyons devoir nous décider pour la

négative, et dire que c'est dans *son propre* terrain seulement que le propriétaire des habitations ou enclos pourra s'opposer à l'établissement des travaux prévus en l'art. 11.

Cela résulte pour nous des termes mêmes de l'article 11. Relisons les attentivement.

« Nulle permission de recherches ni concession de
» mines ne pourra, sans le consentement formel *du*
» *propriétaire de la surface*, donner le droit de faire
» des sondes et d'ouvrir des puits ou galeries,... dans
» les enclos murés, cours ou jardins, ni dans les *ter-*
» *rains* attenant aux habitations *ou clôtures murées*
» dans la distance de 100 mètres, etc. »

De quel propriétaire exige-t-on le consentement ? Evidemment du propriétaire de la surface du terrain dans lequel il s'agit de faire des fouilles, nul autre que lui n'a qualité pour accorder ce consentement ; si donc le terrain dans la distance de 100 mètres n'appartient pas au propriétaire de l'habitation ou de l'enclos muré, ce propriétaire n'a aucune qualité pour autoriser ou pour défendre des fouilles dans un terrain qui ne lui appartient pas. Si l'on veut s'en tenir aux termes de l'art. 11, c'est au *propriétaire du terrain*, quoiqu'il ne soit propriétaire ni de l'habitation ni de l'enclos muré, qu'il faut aller s'adresser pour demander la permission exigée par l'art. 11. Mais alors, qui ne voit que nous ne sommes plus dans l'esprit de cet article, puisque la disposition qu'il renferme a été édictée dans un but de protection du domicile, et que le propriétaire du terrain, qui n'est pas en même temps propriétaire de l'habitation voisine de son terrain, n'a aucun domicile à protéger. Nous nous trouvons donc dans cette alternative, ou de violer la lettre de l'art. 11 en nous contentant de la permission du propriétaire de l'habitation pour fouiller *un terrain qui ne lui appartient pas*, ou de fausser son esprit en exigeant la permission d'un propriétaire, celui du terrain, que l'article n'avait voulu protéger en aucune manière.

En outre, quelle décision rendrons-nous au cas où nulle permission de recherches n'est nécessaire, c'est-à-dire, lorsque c'est le propriétaire du terrain qui veut lui même faire les fouilles et sondes?

Déciderons-nous, en nous inspirant des motifs de l'art. 11 et des décisions de la jurisprudence, que ce propriétaire, travaillant chez lui, a besoin de la permission de son voisin, propriétaire d'une habitation ou d'un enclos muré dans la distance de 100 mètres, alors nous violons les principes du droit commun et le texte formel des art. 11 et 12 de la loi de 1810.

Dirons-nous, au contraire, que cet homme, propriétaire de son terrain, a droit d'y faire telles fouilles qu'il lui plait, alors comment pourrons-nous l'empêcher de déléguer ce droit s'il ne veut l'exercer lui-même, et que deviendra, en ce cas, la protection de l'art. 11?

Notre système, d'ailleurs, est celui qui résulte de l'exposé des motifs et du rapport présenté au

Corps législatif sur la loi de 1810, par le comte de Girardin.

Voici, en effet, dans quels termes, le comte Regnault St.-Jean-d'Angély motivait l'art. 11 :

» Rechercher les mines est un travail qui doit
» être encouragé, il le sera : qui doit être surveillé,
» l'administration ne le perdra pas de vue. Elle
» écartera les recherches des maisons, des enclos où
» le *propriétaire* doit trouver *une entière liberté* et
» le respect pour l'asile *de ses jouissances domes-*
» *tiques.* »

Et voici comment s'exprimait le comte de Girardin dans son rapport :

» Ni cette permission de recherches, ni même la
» propriété de la mine n'autorisent jamais à faire
» des fouilles, des travaux ou établissements d'ex-
» ploitation, sans le *consentement formel du pro-*
» *priétaire dans* SES *enclos murés,* cours ou habita-
» tions, et *dans* SES *terrains* attenant aux dites
» habitations ou clôtures murées dans un rayon
» de cent mètres. »

La difficulté que nous venons d'exposer avait été soulevée aussi en Belgique, où la propriété des mines est toujours, comme chez nous, régie par la loi du 21 avril 1810. Elle y a été résolue législativement, conformément à l'opinion que nous avons adoptée, par la loi du 8 juillet 1865.

(Loi Belge du 8 juillet 1865.)

ARTICLE PREMIER

» L'art. 11 de la loi du 21 avril 1810 est rem-
» placé par la disposition suivante : nulle permis-
» sion de recherches ni concession de mines ne
» pourra, sans le consentement formel du proprié-
» taire de la surface, donner le droit de faire des
» sondes et d'ouvrir des puits ou galeries, ni celui
» d'établir des machines ou magasins dans SES
» *enclos murés*, cours ou jardins, ni dans SES *ter-*
» *rains* attenant à SES *habitations* ou clôtures mu-
» rées dans la distance de 100 mètres desdites clô-
» tures ou habitations. »

Il serait à désirer que la France suivît en cela l'exemple de la Belgique, et qu'une décision législa-tive vînt trancher, chez nous comme chez nos voi-sins, la question qui nous occupe. En effet, l'inter-prétation généralement admise par la jurispru-dence sur notre art. 11 impose une gêne extrême aux exploitations de mines, et nous voyons, dans les ouvrages spéciaux, que la restriction exagérée de la faculté d'établir des puits d'aérage ou d'ex-traction peut être même quelquefois la cause de grandes difficultés et de grands dangers.

La servitude, qui frappe la surface au profit de la mine, consiste dans le droit pour le propriétaire de

la mine, d'occuper temporairement, ou même définitivement, la surface de terrain superposée à la
mine, (sauf dans les parties réservées par l'art. 11),
pour y faire des fouilles et des sondes, pour y
ouvrir des puits ou galeries, pour y construire des
routes ou chemins, pour y établir enfin, temporairement ou définitivement, des machines ou magasins.

Cette occupation ne peut naturellement avoir
lieu que moyennant indemnités. Ces indemnités
sont réglées, à forfait, par les articles 43 et 44 de la
loi de 1810.

(L. 1810, art. 43.)

« Les propriétaires de mines sont tenus de payer
» les indemnités dues aux propriétaire de la surface
» sur le terrain duquel ils établiront leurs travaux.
» — Si les travaux entrepris par les explorateurs
» ou par les propriétaires de mines ne sont que
» passagers, et si le sol où ils ont été faits peut être
» mis en culture au bout d'un an comme il l'était
» auparavant, l'indemnité sera réglée au double de
» ce qu'aurait produit net le terrain endommagé. »

(L. 1810, art. 44.)

« Lorsque l'occupation des terrains pour la
» recherche ou les travaux des mines prive les pro-
» priétaires du sol de la jouissance du revenu au

» delà du temps d'une année, ou lorsque, après les
» travaux, les terrains ne sont plus propres à la
» culture, on peut exiger des propriétaires des
» mines l'acquisition des terrains à usage de l'ex-
» ploitation. Si le propriétaire de la surface le re-
» quiert, les pièces de terre trop endommagées ou
» dégradées sur une trop grande partie de leur sur-
» face devront être achetées en totalité par le pro-
» priétaire de la mine.

« L'évaluation du prix sera faite, quant au mode,
» suivant les règles établies par la loi du 16 septem-
» bre 1807 sur le desséchement des marais, etc.,
» titre XI : mais le terrain à acquérir sera toujours
» estimé au double de la valeur qu'il avait avant
» l'exploitation de la mine. »

Les articles, dont nous venons de donner le texte
distinguent deux cas.

Premier cas.— Les travaux sont passagers, et le
sol, où ils ont été faits, peut être mis en culture au
bout d'un an, comme il l'était auparavant.

Alors, il n'y a pas obligation d'acheter les terrains momentanément occupés, et l'indemnité est
réglée, à forfait, au double de ce qu'aurait produit
net le terrain occupé et endommagé (art. 43).

Deuxième cas. —L'occupation des terrains prive
les propriétaires du sol de la jouissance du revenu
au delà d'une année, ou, ces travaux terminés, les
terrains ne sont plus propres à la culture.

Alors, le propriétaire du terrain ainsi occupé peut

exiger qu'il lui soit acquis par le propriétaire de la mine (art. 44).

Et ce ne sont pas seulement les portions de terrain occupées ou endommagées qui devront être acquises, ce sont même les portions non-endommagées ni occupées, lorsque les pièces de terre dont elles font partie, auront été trop endommagées, ou dégradées sur une trop grande partie de leur surface.

L'évaluation du prix sera faite, quant au mode, suivant les règles écrites au titre XI de la loi du 16 septembre 1807, sur le desséchement des marais, c'est-à-dire, que cette évaluation sera faite à dire d'experts (art. 49 de la loi du 16 septembre 1807.)

Ces experts seront nommés suivant les régles que nous trouvons en l'art. 56 de cette même loi du 16 septembre 1807, lequel est ainsi conçu :

(L. 1807, art. 56.)

« Les experts, pour l'évaluation des indemnités
» relatives à une occupation de terrain, dans les
» cas prévus au présent titre, seront nommés, pour
» les objets de travaux de grande voirie, l'un par
» le propriétaire, l'autre par le préfet, et le tiers
» expert, s'il est besoin, sera de droit l'ingénieur en
» chef du département: lorsqu'il y aura des conces-
» sionnaires, un expert sera nommé par le proprié-
» taire, un par le concessionnaire et le tiers expert
» par le préfet. — Quant aux travaux des villes, un
» expert sera nommé par le propriétaire, un par le

» maire de la ville, ou de l'arrondissement pour
» Paris, et le tiers expert par le préfet.

(L. 1807, art. 57.)

« Le contrôleur et le directeur des contributions
» donneront leur avis sur le procès-verbal d'exper-
» tise, qui sera soumis, par le préfet, à la délibéra-
» tion du conseil de préfecture ; le préfet pourra,
» dans tous les cas, faire faire une nouvelle exper-
» tise. »

Signalons toutefois une différence notable entre
l'évaluation faite aux cas prévus par la loi de 1807
et celle faite par application de notre art. 44 de la
loi de 1810.

Dans tous les cas prévus par la loi de 1807, les
terrains dont l'acquisition aura été reconnue nécessaire seront payés à leurs propriétaires, à dire
d'experts, *d'après leur valeur* avant l'entreprise des
travaux, *et sans nulle augmentation* du prix d'estimation. (art. 49 loi 1807.)

Dans le cas de notre art. 44, au contraire, le terrain
à acquérir sera toujours estimé *au double* de la valeur qu'il avait avant l'exploitation de la mine.
(L. 1810 art. 44 *in fine*.)

Faut-il entendre par ces dispositions des art. 43 et
44 de la loi de 1810, qu'une prime est donnée, sous
la forme d'une *double indemnité*, au propriétaire des
terrains qui ont été occupés d'une manière tempo-

raire ou définitive pour l'exploitation de la mine? Nullement. Nos articles n'accordent en aucune manière une double indemnité ou un double prix dans le sens légal du mot, ils n'ont d'autre but que de déterminer le mode d'évaluation de l'indemnité ou du prix à payer au propriétaire des terrains occupés.

L'occupation dure-t-elle moins d'une année, et après sa cessation, le sol peut-il être rendu à la culture qu'il recevait auparavant ? Le concessionnaire de la mine n'est point tenu d'acquérir et l'indemnité est fixée, *à forfait, au double* du produit net des terrains ainsi occupés.

La durée de l'occupation excède-t-elle une année, et les terrains ont ils cessé, les travaux terminés, de pouvoir être cultivés, le propriétaire de la mine peut être contraint de les acquérir, et il les paie au double de la valeur qu'ils avaient avant l'exploitation de la mine.

Il n'y a point de pénalité : ce n'est point une indemnité qu'il s'agisse de doubler, une fois qu'elle aura été fixée, c'est simplement un mode d'évaluation que la loi a pris soin de fixer elle-même, dans l'intérêt de l'une et de l'autre partie, pour les protéger contre l'incertitude des appréciations d'experts. Ce serait une indemnité double si la loi nous disait : on évaluera la valeur du terrain ou la valeur de la récolte, et on paiera au propriétaire du sol une somme double de cette valeur ainsi fixée ; mais elle ne dit rien de semblable, puisqu'elle dit simplement que l'indemnité sera du double de la valeur qu'avait le terrain avant l'exploitation de la mine, et non pas du double de sa valeur actuelle. Qui ne voit qu'il y a là une sorte d'abonnement, une espèce de forfait fixé par la loi elle-même ?

L'appréciation de la valeur actuelle du sol aurait pu être chose extrêmement délicate et difficile, l'appréciation du préjudice causé par l'occupation aurait pu être exagérée dans un sens ou dans l'autre, la loi a voulu soustraire ces évaluations à tous les hasards d'une expertise à faire sur des bases incertaines, elle a fixé elle-même une base invariable, qui échappe à toutes incertitudes, à toutes exagérations.

En effet, rien n'est plus certain, rien n'est mieux fixé que le revenu net ordinaire de la pièce de terre occupée, eh bien, c'est ce revenu qui sera la base de l'indemnité à payer en cas d'occupation n'exédant pas un an; le propriétaire de la mine donnera au propriétaire de la surface, non pas une somme précisément égale à ce revenu net, car alors le propriétaire de la surface subirait une perte, puisque il n'en resterait pas moins soumis à toutes les charges qu'il a à payer d'ordinaire, et auxquelles il fait face par un prélévement sur le revenu brut, (prélévement qui fait précisément la différence entre le revenu brut et le revenu net,) le propriétaire de la mine donnera au propriétaire de la surface *le double* du revenu net de la pièce de terre dont il s'agit ; c'est un forfait que la loi prend soin d'établir, par cette présomption qu'elle pose, que les charges font précisément la moitié du revenu brut de la pièce de terre. Et ce forfait légal, les tribunaux sont tenus de l'adopter, et ils ne peuvent ni l'augmenter ni le diminuer. Les experts n'auront donc pas à se demander quel est le préjudice causé, chose toujours difficile à apprécier, ils auront à chercher simplement quel est le revenu net moyen de la pièce de terre occupée, fixation infiniment plus facile à faire puisqu'elle dépend d'éléments dès à présents connus et certains.

De même, pour le cas d'occupation définitive nécessitant l'acquisition, ce n'est point la valeur actuelle de la surface qui sera la base du prix, c'est la valeur *qu'avait le sol avant l'exploitation de la mine.* On conçoit, en effet, combien il serait, le plus souvent, souverainement difficile de fixer la valeur actuelle du sol, et combien divergentes les unes des autres pourraient être les appréciations, sur cette question de savoir si l'exploitation de la mine a donné de la valeur au sol, ou si elle lui en a fait perdre. Pour couper court à toutes ces difficultés, la loi a sagement adopté une base fixe et connue, la valeur qu'avait le sol avant l'exploitation de la mine, et, attendu qu'il ne s'agit pas d'une vente volontaire et qu'il y a lieu d'indemniser le propriétaire du sol de l'espèce d'expropriation qu'il subit, c'est *au double de cette valeur* que la loi a fixé le prix à lui payer pour la dépossession définitive qu'on lui inflige.

Encore une fois, ce sont des bases d'évaluation

que la loi a prétendu fixer pour les experts, ce n'est, en aucune manière, une pénalité dont elle voudrait frapper un concessionnaire qui ne fait qu'user d'un droit certain et reconnu. Nous nous permettons d'insister sur ce point, car il est très-important qu'il soit bien établi et bien acquis au débat.

Si, en effet, nous étions obligés de reconnaître que les art. 43 et 44 édictent une pénalité contre le concessionnaire de mines, alors qu'il n'a fait qu'user du droit à lui accordé par la loi de 1810, d'occuper des terrains frappés de servitude au profit de sa chose, si pour ce fait éminemment légitime, nous devions admettre qu'il est *puni* de *dommages-intérêts doubles du préjudice* souffert par le propriétaire de la surface, à bien plus forte raison devrions-nous décider qu'il subira le même sort et paiera des *dommages-intérêts doubles du préjudice*, toutes les fois que le dommage subi par la surface, au lieu de résulter de l'exercice légitime d'un droit de servitude, sera la conséquence d'un fait délictueux ou quasi-délictueux, ou même d'une simple imprudence du concessionnaire de la mine.

C'était bien là la prétention des propriétaires de la surface. Ils ont soutenu, et ils ont réussi longtemps à faire admettre par la jurisprudence, que les art. 43 et 44 de la loi de 1810 prescrivent de régler au double du dommage causé, toutes indemnités dues par la mine à la surface, pour quelque cause que ce soit. Nous ne pouvons admettre ce système, et quelqu'autorité qu'il emprunte aux

consécrations nombreuses qu'il a reçues de la jurisprudence, nous considérons qu'il est une violation
formelle de la loi de 1810. Pour nous, les art. 43 et
44, ne font rien autre chose que régler les indemnités
dues par suite de l'exercice légitime du droit de servitude établi sur la surface au profit de la mine par
la loi de 1810, ils n'ont pas d'autre but, et surtout
ils ne s'appliquent, en aucune manière, à la réparation des dommages de toute sorte que peuvent
causer à la surface les travaux d'exploitation de la
mine.

Ces dommages, leur réparation n'a pas été prévue
spécialement et expressément par la loi de 1810, et
il n'était pas besoin qu'elle le fût, puisqu'il suffisait,
pour la régler, des dispositions du Code civil. A défaut de règles spéciales sur cette matière, nous
devons décider, sans hésiter, qu'elle reste soumise au
droit commun des art. 1382 et suivants du Code
civil.

(Code civil, art. 1382)

« Tout fait quelconque de l'homme qui cause à
» autrui un dommage, oblige celui par la faute du-
» quel il est arrivé, à le réparer. »

La concession a constitué deux propriétés distinctes, la surface et la mine, tout dommage causé
sans droit par l'une de ces propriétés à l'autre constitue, selon les cas, un délit ou un quasi-délit, et la

réparation des délits ou des quasi-délits se fait, à défaut d'exceptions formelles et spéciales, conformément aux règles contenues aux art. 1382 et suivants du Code civil.

Quant à la faute, elle sera réputée prouvée contre le concessionnaire de la mine, par le *seul fait que l'exploitation de la mine cause un dommage à la surface*, c'est, en effet, comme une des conditions de la concession, que l'exploitation de la mine ait lieu sans dommage pour la surface, et le seul fait qu'il y a dommage constaté suffit à constituer en faute le concessionnaire de la mine.

Voilà bien le seul véritable système sur la question, et la jurisprudence, après des fluctuations et des contradictions nombreuses, a fini par l'adopter.

Il a été consacré définitivement par un arrêt de cassation rendu, toutes chambres réunies, le 23 juillet 1862.

Voici en quels termes il avait été exposé devant la Cour suprême par M. l'avocat général de Raynal.

« Nous croyons pouvoir l'affirmer, après scrupu-
» leuse étude des textes, l'idée de dommages-in-
» térêts, de préjudice causé par un quasi-délit, qui
» doit être réparé et servir de mesure à la répara-
» tion, est absente des art. 44 et 43. On n'y trouve
» pas davantage qu'il s'agisse de travaux inté-
» rieurs, de protection accordée à des bâtiments
» dont la sûreté serait menacée.

« Qu'y reste-t-il donc ? Une seule chose : l'orga-
» nisation transactionnelle, *la réglementation à*

» *forfait*, comme l'avait dit la Cour de Dijon dans
» ses arrêts de 1854 et de 1856, *du droit* extraordi-
» naire, *mais inévitable, accordé à la mine,* D'EN-
» VAHIR LA SURFACE, de la *servitude légale d'en-*
» *clave* déjà prévue, pour une autre hypothèse, par
» l'art. 682 du Code civil, avec cette différence con-
» sidérable toutefois, qui vient encore justifier l'in-
» demnité au double, que ce ne sont pas les tribu-
» naux qui seront appelés à fixer l'occupation à
» l'endroit le moins dommageable, comme les y
» autorise l'art. 684 ; que le propriétaire de la mine
» sera libre de s'établir partout où le commande-
» ront les nécessités de son exploitation, sans avoir
» à consulter les intérêts ou les convenances de la
» surface.

« Tous les abus d'un autre genre que la mine
» pourra commettre resteront-ils sans répression,
» tous les préjudices que subira la surface, sans
» dédommagement? Non assurément.

« Mais le droit commun y suffira : les art. 1382 et
» 1383 du Code civil, où se trouve formulée une
» règle d'éternelle justice, l'art. 1149 s'y applique-
» ront, avec la latitude protectrice qu'ils accordent
» aux tribunaux pour la large et complète répara-
» tion due aux intérêts lésés. On reconnaîtra sans
» doute, et c'est ce qu'ont proclamé plusieurs de vos
» arrêts dont la doctrine doit être fortement main-
» tenue, que les propriétaires des mines exploitent
» librement, mais à leurs risques et périls ; que leur
» première obligation est de soutenir à tout prix le

» toit de la mine et de veiller à la sûreté des habi-
» tations de la surface. Que si ce toit s'ébranle ou
» s'écroule, si ces habitations sont menacées ou
» ruinées, *la faute sera présumée de plein droit,*
» sans qu'il soit besoin d'autre vérification. A cette
» condition, nous ne comprenons pas comment la
» surface pourrait élever de légitimes réclama-
» tions.

« Ainsi se trouvera rétabli l'empire du droit com-
» mun, qui ne peut se rétrécir que dans les *cas ex-*
» *pressément prévus.* Ainsi se trouvera consacrée
» une distinction profondément équitable, entre
» l'hypothèse où le propriétaire de la mine exerce
» une *servitude légale,* sort de chez lui, envahit la
» propriété d'autrui, et se soumet par là même
» aux réparations spéciales qu'a établies la loi où
» il puise son titre, et l'hypothèse toute différente
» où il se concentre dans son domaine, où il se
» borne à l'exploiter, comme il en a le droit et le
» devoir, mais où, par un fait quelconque, dans
» l'exploitation même de sa chose, il porte un pré-
» judice à autrui: *hypothèse qui n'avait pas besoin*
» *d'être prévue,* puisqu'elle était si *naturellement*
» *soumise aux règles générales établies* pour la ré-
» paration des dommages.

« La loi de 1810, en effet, n'a jamais eu la préten-
» tion de se suffire à elle-même et de renfermer
» dans son enceinte la solution de toutes les diffi-
» cultés. La pensée de l'Empereur était d'en faire

» comme le développement et l'appendice de l'art.
» 552 du Code civil. »

Quant à l'arrêt de cassation dont nous avons parlé du 23 juillet 1862, en voici le texte :

La Cour ....

« Attendu qu'aux termes de l'art. 1149 du Code
» civil, les dommages-intérêts dus aux créanciers
» sont de la perte qu'il a faite, ou du gain dont il
» a été privé ; que cette règle générale de justice
» et de droit commun doit être observée toutes les
» fois qu'une loi spéciale ou une convention ex-
» presse n'y a pas formellement dérogé ;

« Attendu que les art. 43 et 44 de la loi du 21
» avril 1810 n'ont eu en vue que la fixation des
» indemnités dues au propriétaire de la surface du
» sol par suite de l'*occupation temporaire ou défi-*
» *nitive des terrains sur lesquels* le propriétaire de
» la mine est autorisé à établir ses travaux, en vertu
» *de la servitude dont cette surface a été nécessai-*
» *rement grevée à son profit dans un intérêt gé-*
« *néral.*, etc., etc....................................

Avant de quitter les art. 43 et 44, remarquons, en passant, quel argument ils fournissent à l'opinion que nous avons adoptée plus haut sur l'art. 11 de la loi 1810, à savoir que la prohibition résultant de cet article ne protége que les constructions et clôtures antérieures à l'exploitation de la mine.

Les art. 43 et 44, en effet, ne prévoient pas que les terrains superposés à la mine puissent être employés à autre chose qu'à la culture, (*si le sol peut être mis en culture*) (art. 43). (*lorsqu'après les travaux, les terrains ne sont plus* propres à la culture) (art. 45). Ne peut-on pas inférer de là que le propriétaire de la surface a perdu le droit d'y bâtir, ou du moins que s'il y bâtit, c'est à ses risques et périls et sans qu'il puisse tirer *aucun droit* contre le concessionnaire de la mine de la modification apportée à la situation de la surface depuis la concession de la mine. Cette manière de voir serait encore confirmée par la fin de l'art. 44, qui prescrit de prendre pour base d'estimation *la valeur qu'avait la surface avant l'exploitation de la mine:* d'où l'on pourrait conclure que les modifications qu'aurait reçues la surface postérieurement à la concession ne sont pas opposables au concessionnaire de la mine.

La servitude, dont nous venons de constater l'existence sur la surface au profit de la mine, prend naissance au moment même où les deux propriétés commencent à coexister, c'est-à-dire, au moment de la concession. Elle est créée moyennant un prix dont les articles 6 et 42 de la loi de 1810 consacrent le principe et fixent le règlement.

(L. 1810, art. 6.)

« Cet acte (l'acte de concession) règle les droits
» des propriétaires de la surface sur le produit des
» mines concédées. »

(L. 1810, art. 42.)

« Le droit attribué par l'article 6 de la présente
» loi aux propriétaires de la surface sera règlé à
» une somme déterminée par l'acte de concession. »

Les articles que nous venons de citer paraissent
contradictoires, le premier paraît supposer que la
somme attribuée au propriétaire de la surface sera
une prestation périodique proportionnelle aux produits de la mine : du second, il résulterait au contraire, qu'il s'agirait du paiement d'une somme
fixe déterminée par l'acte de concession.

Il serait pourtant intéressant de savoir auquel
des deux articles il faut se conformer, car au cas
d'une redevance proportionnelle au produit, la redevance est due seulement au propriétaire du terrain sous lequel a lieu l'extraction, tandis qu'au
cas de paiement d'une somme fixe, elle est due, dès
l'instant de la concession, à tous ceux qui sont propriétaires de terrains dans l'étendue de la concession, encore que l'exploitation ne soit pas ouverte
dans la portion du tréfonds correspondante à leur
terrain.. Le rapport de M. Stanislas de Girardin
semble établir que c'est le système de la redevance
fixe qui a prévalu, car il nous présente l'article 42
comme expliquant l'article 6.

« Les droits des propriétaires de la surface sont
» maintenus et reconnus par l'article 6, et *l'article*

» *42 qui explique l'article* 6, porte que le droit attri-
» bué aux propriétaires de la surface sera réglé à
» une somme déterminée par l'acte de concession. »
Mais ce n'est point l'avis de l'administration qui
prétend appliquer à son choix l'article 6 ou l'art. 42,
en imposant, suivant les cas, une redevance fixe
ou une redevance proportionnelle : parfois même,
les deux systèmes sont combinés, et le concessionnaire, tout en payant au superficiaire une somme
fixe annuelle, lui donne, en outre, une certaine fraction du produit brut.

Il pourra être, suivant les cas, plus ou moins
avantageux au concessionnaire que la redevance
soit fixe ou proportionnelle : si, en effet, il exploite
en même temps une grande étendue de sa concession, il a plus d'avantage à ne payer qu'une concession fixe ; si, au contraire, il n'exploite qu'une petite
partie, son intérêt est de payer une redevance
proportionnelle, puisqu'il ne la devra qu'au propriétaire du terrain sous lequel il exploite.

L'intérêt du superficiaire étant opposé, en cela, à
celui du concessionnaire, les conflits qui vien-
draient à s'élever seront tranchés par l'Etat à qui il
appartient de décider souverainement de quelle
nature et de quelle quotité sera la redevance. Ce
règlement se fait par l'acte même de concession.
Les livres spéciaux nous apprennent que c'est la
redevance fixe qui est le plus souvent imposée, et
qu'en pratique, elle est extrêmement peu élevée ;
elle ne dépasse pas, en général, dix ou quinze cen-

times par hectare; exceptionnellement elle s'élève à un franc.

Lorsque la redevance sera proportionnelle, elle pourra consister soit en une somme d'argent, soit en une partie de la matière extraite. La loi laisse à cet égard toute liberté aux conventions particulières et à la décision de l'Etat.

L'un des inconvénients de la redevance proportionnelle, c'est de créer une sorte d'association forcée entre le superficiaire et le concessionnaire. En effet, pour savoir s'il n'est pas frustré, le superficiaire aura nécessairement le droit de s'immiscer dans les affaires de l'exploitant, ce qui, pour ce dernier, sera chose extrêmement vexatoire.

En outre, au cas de redevance proportionnelle, il peut dépendre du concessionnaire de favoriser tel ou tel superficiaire, en exploitant de préférence sous son terrain, et de léser, au contraire, tel autre propriétaire en refusant d'exploiter au dessous de lui : mais cet inconvénient ne nous paraît pas fort à craindre, sauf peut-être au cas d'une mine extrêment pauvre, car, en somme, l'intérêt du concessionnaire est d'exploiter dans la mesure la plus large et de la manière la plus active possible.

CHAPITRE VI

QUEL EST LE RÔLE DE LA REDEVANCE DANS LE PATRIMOINE DU SUPERFICIAIRE

Si la redevance est, comme nous le croyons, le prix de la servitude résultant sur la surface au profit de la mine de la loi de 1810, il est vrai de dire qu'elle est en quelque sorte le prix d'une partie de la propriété de la surface, et elle doit prendre dans le patrimoine du propriétaire de la surface la place de la partie de sa propriété qui a été ainsi démembrée.

C'est bien là ce que décide la loi de 1810.

(L. 1810, art. 18.)

« La valeur des droits résultant en faveur du
» propriétaire de la surface, en vertu de l'art. 6 de
» la présente loi, demeurera réunie à la valeur de
» ladite surface et sera affectée avec elle aux hypo-
» thèques prises par les créanciers du propriétaire. »

La conséquence de cette décision de la loi, c'est qu'il faut appliquer aux droits réels de toute nature qui pouvaient frapper la surface, ce que notre article 18 dit expressément des hypothèques prises par les créanciers du propriétaire. Il faut donc affirmer que les droits d'usufruit ou autres qui pouvaient grever la surface seront, de même que les droits d'hypothèque, transportés sur la redevance qui devient partie intégrante de l'immeuble, et prend ainsi la place de la fraction démembrée de cet immeuble dont elle est le prix et la représentation. Il faut, en un mot, traiter cette redevance, comme nous traiterions une rente *perpétuelle immobilière* moyennant la constitution de laquelle aurait été concédée une servitude sur l'immeuble. Une telle rente, s'il en existait encore, ainsi créée par l'aliénation d'une partie de l'immeuble, serait frappée de tous les droits réels auxquels serait soumis l'immeuble lui-même.

Il doit en être de même de la redevance qui nous occupe.

Si donc c'est d'un droit d'usufruit qu'il s'agit, et que la redevance présente le caractère d'une rente pertétuelle, il faut décider que l'usufruitier en touchera les arrérages : de même, et par analogie, nous devrions attribuer à la communauté, ou à la société d'acquêts, les arrérages de la redevance, au cas où la mine se trouverait sous un immeuble ayant été apporté en mariage, ou ayant été constitué en dot à l'un des époux, sous le régime de la communauté, ou sous le régime dotal. Si, au contraire, la redevance présente le caractère d'une somme une fois payée ou d'une prestation périodique ne devant pas être perpétuelle, il n'y aura lieu d'en attribuer à l'usufruitier ou à la communauté que la portion considérée comme fruit.

Mais dans l'une ou l'autre de ces deux hypothèses, tout ce qui, dans la redevance, peut être considéré comme fruit, appartiendra à l'usufruitier ou tombera dans la communauté, sans qu'il y ait lieu de distinguer si la mine était ouverte avant le commencement de l'usufruit ou du mariage, ou si elle n'a été ouverte que depuis.

C'est dire que les art. 598 et 1403 du Code civil ne peuvent plus recevoir d'application en ce qu'ils parlent des mines.

En effet, ces articles ont été rédigés antérieurement à la loi de 1810, sous l'empire d'une législation qui n'avait pas, comme la législation actuelle, reconnu, au cas de mine, la coexistence de deux propriétés absolument distinctes et séparées, à savoir la propriété de la surface et la propriété du tréfonds.

Il est donc tout naturel qu'ils supposent implicitement, comme ils le font, en assimilant absolument et complètement les mines aux carrières, que les mines sont, comme les carrières, des parties intégrantes de la propriété de la surface, et que l'exploitation de la carrière ou de la mine n'est qu'un mode particulier d'exploitation de la surface.

Dès lors, leur décision s'explique parfaitement. Le fonds dont il s'agit avait-il commencé, dès avant l'ouverture de l'usufruit ou dès avant le commencement du mariage, à recevoir ce mode d'exploita-

tion spécial et particulier, l'usufruitier ou le mari
pourra, et même devra continuer à l'exploiter de
la même manière.

Le fonds, au contraire, était-il, comme le sont le
plus ordinairement les fonds ruraux, l'objet d'une
exploitation agricole, l'usufruitier ou le mari ne
pouvait, conformément au droit commun, changer
cette exploitation pour la remplacer par une exploitation à usage de mine ou de carrière. Et si, en
fait, il s'était permis un tel changement d'exploitation, il devait être tenu de tous dommages-intérêts et ne pouvait, en aucune manière, acquérir les
produits qui, en ce cas, n'avaient pas le caractère
de fruits. C'est là ce que décidaient tout naturellement les art. 598 et 1083 quant aux mines et carrières soumises à un usufruit, ou faisant partie
d'un apport matrimonial, et c'est ce qui est encore
vrai relativement aux carrières qui n'ont pas été,
comme les mines, distinguées de la propriété de la
superficie.

Voici le texte de ces articles.

(Code civil, article 598.)

« Il jouit, de la même manière que le propriétaire,
» des mines et carrières qui sont en exploitation à
» l'ouverture de l'usufruit ; et néanmoins, s'il s'agit
» d'une exploitation qui ne puisse être faite sans
» une concession, l'usufruitier ne pourra en jouir
» qu'après en avoir obtenu la permission du Roi. Il

» n'a aucun droit aux carrières non encore ouver-
» tes, ni aux tourbières dont l'exploitation n'est pas
» encore commencée, ni au trésor qui pourrait être
» découvert pendant la durée de l'usufruit. »

(Code civil, article 1503.)

« Les coupes de bois et les produits des carrières
» et mines tombent dans la communauté pour tout
» ce qui en est considéré comme usufruit, d'après les
» régles expliquées au titre de l'usufruit, de l'usage
» et de l'habitation. Si les coupes de bois, etc......
» Si les carrières et mines ont été ouvertes pendant
» le mariage, les produits n'en tombent dans la
» communauté que sauf récompense ou indemnité
» à celui des époux à qui elle pourra être due. »

Les articles que nous venons de citer sont, on le voit, écrits sous l'empire de cette idée que les mines sont, comme les carrières, une partie de la propriété de la superficie ; maintenant qu'il n'en est plus ainsi, en vertu de la loi de 1810, ces articles ne peuvent plus recevoir aucune application en ce qui touche les droits d'usufruit ou de jouissance matrimoniale dont serait grevée la propriété de la surface. La mine, en effet, est maintenant une propriété nouvelle, absolument distincte de la surface, et elle ne peut être affectée en aucune manière des droits auxquels la surface serait soumise. Pourtant, comme nous l'avons vu, la découverte de la mine produit un certain effet sur la propriété de la surface : par suite, de la constitution, ou plutôt de la constatation d'une propriété nouvelle coexistente à la surface, la surface se trouve grevée d'une servitude dont *la redevance est le prix*. Il est dès lors tout naturel que cette redevance, qui constitue le prix d'un démembrement de la propriété de la surface, soit affectée des mêmes droits réels que la surface, et qu'elle profite à l'usufruitier ou à la communauté qui avait droit de jouir de tous les revenus de la surface; c'est ce que nous avons décidé conformément aux principes généraux de notre législation civile, et par application spécialement des art. 526 et 1433 du Code civil.

Il nous reste à voir maintenant la manière dont il y a lieu d'appliquer à la *mine* les règles de droit commun sur le régime des biens. Cette étude est l'objet de la section deuxième de cette troisième partie de notre travail.

SECTION II

DU RÔLE DE LA MINE DANS LE PATRIMOINE DU CON-CESSIONNAIRE

CHAPITRE UNIQUE

LA MINE EST UN IMMEUBLE; APPLICATION A CET IMMEU-BLE DES RÈGLES ORDINAIRES DU DROIT CIVIL SUR LE RÉGIME DES BIENS

Quelle est donc la nature de cette propriété nouvelle, *la mine*, dont l'existence au-dessous de la propriété de la surface a été reconnue et consacrée par la concession ?

L'art. 8 de la loi de 1810 se charge de nous l'apprendre. *La mine est un immeuble.*

(Loi 1810, article 8.)

« Les mines sont immeubles. — Sont aussi im-
» meubles, les bâtiments, machines, puits, galeries
» et autres travaux établis à demeure, conformé-
» ment à l'art. 524 du Code civil. — Sont aussi im-
» meubles par destination, les chevaux, agrés, ou-
» tils et ustensiles servant à l'exploitation. — Ne
» sont considérés comme chevaux attachés à l'ex-

» ploitation, que ceux qui sont exclusivement
» attachés aux travaux inférieurs des mines.
» Néanmoins les actions ou intérêts dans une so-
» ciété ou entreprise pour l'exploitation des mines
» seront réputés meubles, conformément à l'art. 529
» du Code civil. »

(L. 1819, article 9.)

« Sont meubles, les matières extraites, les appro-
» visionnements et autres objets mobiliers. »

De ce que la *mine* est *un* immeuble, il résulte
qu'à moins d'exceptions formelles, il y a lieu d'appliquer à cette propriété immobilière, malgré sa
nature particulière, toutes les règles de droit commun sur le régime des *biens immeubles*.

Et d'abord, cette propriété a le même caractère
irrévocable que toute autre propriété immobilière ;
on n'en peut être dépouillé que dans les cas et selon
les formes prescrits pour les autres propriétés, conformément au Code de procédure civile et aux lois
sur les expropriations pour cause d'utilité publique.
Cela résulte des principes généraux, et, en tant que
de besoin, des termes exprès de l'art. 7 de la loi
de 1810.

Nous avons vu toutefois que la loi de 1838, par
ses art. 6, 9 et 10, avait dérogé à ces principes de
droit commun, en décidant que, dans certains cas
y spécifiés, et notamment au cas de non exploita-

tion, le concessionnaire pourrait être dépouillé de
de sa concession en vertu d'un simple arrêté ministériel ; nous avons dit combien était fâcheuse cette
atteinte aux principes généraux de notre droit, et
nous avons vu qu'elle avait été le prétexte et l'excuse d'une nouvelle violation plus flagrante encore
des droits du concessionnaire de mines, celle qui
résulte du décret du 23 octobre 1852.

La propriété de la mine est disponible et transmissible, comme la propriété de tout autre immeuble. Toutefois une mine ne peut être vendue par
lots ou partagée, sans une autorisation préalable du
gouvernement donnée dans les même formes que
la concession.

(L. 1810, art. 7.)

« L'acte de concession donne la propriété formelle
» de la mine, laquelle est dès lors disponible et·
» transmissible comme tous autres biens et dont
» on ne peut être exproprié que dans les cas et
» selon les formes prescrits pour les autres pro-
» priétés, conformément au Code civil et au Code
» de procédure civile. Toutefois une mine ne peut
» être vendue par lots, ou partagée, sans une auto-
» risation préalable du gouvernement donnée dans
» les mêmes formes que la concession. »

A cette libre transmissibilité de la mine, l'instruction ministérielle du 3 août 1810 et l'avis du

Conseil d'Etat du 21 août 1810, avaient apporté cette restriction que l'acquéreur, comme l'héritier de la totalité d'une mine, devrait, aussi bien que le concessionnaire primitif, demander au gouvernement l'autorisation d'exploiter ; sans cela, disait-on, les garanties que présentait le concessionnaire et qui lui avaient valu l'autorisation d'exploiter, pourraient ne pas se rencontrer chez son successeur ou chez son acquéreur.

La portée de cette restriction a été bien réduite par l'ordonnance du 18 avril 1842 et la circulaire ministérielle du 16 mai suivant, desquelles il semble résulter que ce à quoi est tenu le nouveau titulaire, acquéreur ou héritier de la concession, c'est moins d'obtenir une autorisation nouvelle que de faire une simple notification au préfet avec élection de domicile pour y recevoir les résolutions de l'administration. Et il nous paraît équitable qu'il en soit ainsi, car autrement, par un refus d'autorisation, l'administration pourrait rendre illusoire le droit de transmissibilité que l'art. 544 du Code civil confère à tout propriétaire incommutable, et qui est confirmé expressément au concessionnaire de mines par l'art. 7 de la loi de 1810, lequel ne soumet à l'autorisation préalable que les ventes par lots ou partages de la mine.

L'administration, d'ailleurs, trouvera toujours dans les art. 47 et suivants de la loi de 1810, le moyen d'assurer une bonne exploitation de la mine.

De même qu'il peut vendre sa mine en totalité, le concessionnaire peut en transmettre l'usufruit, et cela sans qu'il soit besoin d'aucune autorisation du gouvernement. L'art. 598, du Code civil qui soumettait l'usufruitier à la nécessité d'obtenir une concession a été implicitement abrogé par l'art. 7, de la loi de 1810 qui, ainsi que nous venons de le voir, ne subordonne à l'agrément du gouvernement que la vente par lots ou le partage de la mine.

Celui au profit de qui aurait été constitué un droit d'usufruit sur la mine, doit supporter les charges qui eussent pesé sur le concessionnaire lui-même ; il doit jouir en bon père de famille, c'est-à-dire, soumettre la mine à un système d'exploitation conforme aux règles de l'art et au plan qui a été soumis à l'administration. Il doit s'abstenir d'extractions excessives qui amèneraient l'épuisement rapide de la mine ; toutefois il reste libre de donner aux travaux d'exploitation tous les développements convenables. Ainsi, il peut exploiter à la fois plusieurs filons ou plusieurs couches, il peut ouvrir de nouveaux puits d'extraction, creuser de nouvelles galeries, le tout à la seule condition que son exploitation n'ait pas un caractère abusif, faisant craindre, pour un avenir prochain, l'épuisement de la matière minérale, ce qui ne peut être apprécié qu'en fait, et par des gens spéciaux.

Quant aux charges imposées sur la mine grevée d'usufruit, elles doivent être réparties entre le nu-propriétaire et l'usufruitier, conformément à l'art. 609 du Code civil. Ainsi, par exemple, en cas d'inondation, le nu-propriétaire doit supporter les frais d'asséchement de la mine, mais l'usufruitier doit lui payer les intérêts des sommes déboursées de ce chef. Si l'usufruitier avait avancé les frais dont il s'agit, ou d'autres à la charge du nu-propriétaire, il pourrait, à la fin de l'usufruit, exiger le remboursement des dépenses faites par lui.

L'usufruit sur la mine comprend en même temps le droit d'user et de jouir de tous ustensiles servant à son exploitation et déclarés immeubles par l'art. 8 de la loi de 1810.

Le concessionnaire de la mine peut constituer sur sa chose tous droits réels dont sont susceptibles les immeubles. Il peut la louer comme il ferait de tout autre immeuble ; toutefois l'art. 7 de la loi de 1810 semble s'opposer à ce qu'il puisse la louer autrement qu'en totalité. La Cour de cassation, qui avait d'abord décidé, par arrêt du 20 décembre 1837, que rien se s'opposait à la location ou amodiation partielle de la mine, est revenue sur sa jurisprudence aux termes de deux arrêts de 1844 et 1845 (26 novembre 1845) et a prohibé la location partielle de la mine, parce que, s'agissant de choses fongibles qui se consomment par l'usage, l'amodiation, dans ce cas, constitue une véritable aliénation, prohibée par la loi quant elle est partielle. (Sirey, 1844. 1-723, 1846, 1-240).

La Cour de Liège s'est aussi prononcée dans ce sens, par arrêt du 8 août 1851, attendu que « le but

» de la loi du 21 avril 1810, qui porte, en son art. 7,
» qu'une mine ne peut être vendue par lots ou par-
» tagée sans une autorisation préalable du gouver-
» nement, a été d'éviter la division d'intérêts, le
» défaut d'unité d'action et tous les désavantages
» des exploitations restreintes, ainsi que de pro-
» clamer le principe général de l'indivisibilité des
» mines et exploitations, principe qui touche à l'in-
» térêt public. »

Au point de vue du mariage les mines sont soumises au même régime que les autres biens immeubles des époux.

Si donc nous sommes sous le régime de la communauté, et que la mine fasse partie de l'apport en
mariage de l'un des époux, elle lui restera propre,
comme tous ses autres immeubles, mais les produits de la mine tomberont dans la communauté à
titre de fruits.

De même, sous le régime dotal, la mine sera traitée
comme tout autre immeuble. Si elle fait partie de
l'apport de la femme, elle sera imprescriptible et ina-
liénable au cours du mariage, et les produits qu'elle
donnera appartiendront au mari ou tomberont
dans la société d'acquêts, suivant les conventions
matrimoniales. Si c'est durant le mariage seulement
que la mine a commencé à appartenir à l'un des
époux, elle sera un acquêt de communauté sous le
régime de la communauté ; sous tout autre régime,
elle sera traitée, suivant les conventions matrimoniales adoptées, comme tout autre immeuble acquis

par l'un des époux : la question ne peut faire difficulté en aucun cas. Seulement il est opportun de rappeler que l'article 1403 a cessé absolument d'être applicable aux mines depuis la loi du 21 avril 1810.

La dernière conséquence, enfin, du caractère immobilier reconnu par la loi de 1810 à la propriété des mines, c'est que tous droits de privilége et hypothéque pourront être acquis et consentis sur la mine comme sur tous autres immeubles, conformément aux dispositions du Code civil.

Cela résulte expressément des articles 19 et 21 de la loi de 1810.

(L. 1810, article 19.)

« Du moment où une mine sera concédée, même
» au propriétaire de la surface, cette propriété sera
» distinguée de celle de la surface, et désormais con-
» sidérée comme propriété nouvelle sur laquelle
» *de nouvelles hypothèques* pourront être assises,
» sans préjudice de celles qui auraient été ou seraient
» prises sur la surface et la redevance comme il est
» dit à l'article précédent..... » ;

(L. 1810, article 21.)

« Les autres droits de privilége et d'hypothèque
» pourront être acquis sur la propriété de la mine
» aux termes et en conformité du Code civil. »

L'article 20 de la loi de 1810 a, comme nous le savons déjà, établi formellement un premier privilége sur la mine en faveur de ceux qui justifieraient avoir fourni des fonds pour les recherches de la mine, ainsi que pour les travaux de construction ou confection de machines nécessaires à son exploitation. Nous avons dit plus haut à quelles conditions étaient soumises l'obtention et la conservation de ce privilége, et nous avons essayé de démontrer comment, de cet article 20, il faut conclure à l'existence d'un privilége sur la mine au profit de l'inventeur pour sûreté et garantie des frais faits par lui pour rechercher la mine et préparer son exploitation ; c'est maintenant le lieu d'examiner si la première partie de l'indemnité de l'inventeur, celle résultant de l'article 16 § 2, n'est point aussi garantie par un privilége, ou du moins par une hypothéque sur la mine. Nous ne répéterons pas comment il nous semble résulter des dispositions du Code civil (article 545) et aussi des dispositions de la présente loi (art. 16) que le paiement de cette indemnité doit avoir lieu avant le commencement de l'exploitation, et cela parce que cette indemnité n'est rien autre chose qu'une indemnité d'expropriation ; mais comme il pourra arriver, et comme en fait, il arrivera souvent qu'elle n'aura pas été payée, alors il n'est pas indifférent d'examiner de quelles garanties elle peut être entourée.

A ne considérer que le caractère de cette indemnité qui est un véritable prix de vente, on pourrait vouloir décider qu'il y a lieu de la garantir par un privilége sur la mine, ce ne serait, en somme, que faire l'application des principes généraux sur la matière des priviléges et hypothèques auxquels nous renvoie l'art. 21. Nous n'osons aller jusque-là car, d'une part, les priviléges sont de droit étroit, et nous ne pouvons les admettre qu'en vertu d'une disposition expresse de la loi qui ne nous paraît pas suffisamment écrite en l'art. 21 de la loi de 1810.

Et d'autre part, il nous semble résulter de l'article 17 de cette même loi, que la mine arrive entre les mains du concessionnaire, nette et franche de tous droits, quels qu'ils soient.

« L'acte de concession fait après l'accomplisse-
» ment des formalités prescrites *purge, en faveur*
» *du concessionnaire, tous les droits* des proprié-
» taires de la surface et des *inventeurs* ou de leurs
» ayants droit, après qu'ils ont été entendus ou
» appelés légalement, ainsi qu'il sera ci-après ré-
» glé. »

A la vérité, il y a une exception, celle en faveur de ceux qui ont fourni les fonds pour les recherches, et on pourrait inférer de là qu'il peut y en avoir une autre au profit de l'inventeur, d'autant plus que cette exception ne serait, en somme, qu'un retour aux principes généraux, mais nous repoussons absolument cette argumentation. L'exception résultant de l'art. 20 nous empêche précisément d'en admettre une autre qui ne résulterait pas expressément, comme celle-là, d'une disposition fornelle de la loi, et ce qui nous confirme dans cette manière de voir, c'est que, pour nous, la pensée constante des rédacteurs de la loi de 1818 a été que l'indemnité de l'inventeur serait fixée et payée préalablement aux travaux, et que dès lors il n'y avait pas à s'occuper de la garantir.

A défaut de privilége, quelques auteurs (MM. Dalloz, Peyret-Lullier et Delebecque), veulent que le paiement de cette indemnité soit garanti par une hypothèque générale sur la mine, ladite hypothèque résultant de l'arrêté même qui la liquide. Nous ne voyons point où ces auteurs trouvent la base de l'hypothèque légale ou judiciaire dont ils prétendent grever la mine, et nous repoussons leur système, encore plus énergiquement que celui du privilége qui lui, du moins, aurait une base juridique certaine, si l'on ne consultait que les principes généraux.

Pour nous, nous croyons que la seule garantie légale qu'il y ait lieu d'admettre en faveur de l'inventeur, c'est le droit pour celui-ci de s'opposer à l'exploitation tant qu'il n'est pas payé.

Ce droit nous paraît suffisamment résulter de l'art. 545 du Code civil et des dispositions générales de notre droit sur l'expropriation.

L'indemnité de l'inventeur est une des conditions de la concession, elle est réglée par l'acte même de concession (art. 16), et nous croyons que celui au profit de qui elle est écrite a droit de s'opposer à ce que la concession produise aucun effet au profit du concessionnaire, tant que celui-ci ne s'est pas soumis aux conditions sous lesquelles a lieu sa concession.

Ce droit d'ailleurs, l'inventeur pourra toujours y renoncer moyennant une hypothèque que le concessionnaire sera trop heureux de lui donner en échange, s'il n'est pas en mesure de payer tout de suite l'indemnité sous la condition de laquelle il a reçu sa concession.

Les hypothèques sur la mine seront concédées et conservées dans les mêmes formes et sous les mêmes conditions que sur tous autres immeubles.

La mine sera frappée naturellement, au moment même de la concession, de toutes les hypothèques générales, légales ou judiciaires, dont pourraient être grevés les biens du concessionnaire, et ces diverses hypothèques prendront rang entre elles, suivant les règles du droit commun, mais il est bien entendu qu'elles seront primées par le privilége résultant, au profit de l'inventeur ou de ses bailleurs de fonds, de l'art. 20 de la loi de 1810.

TABLE DES MATIÈRES

INTRODUCTION

PREMIÈRE PARTIE

DE LA PROPRIÉTÉ DES MINES EN DROIT ROMAIN

SECTION PREMIERE

ÉPOQUE CLASSIQUE

SECTION II

ÉPOQUE IMPÉRIALE

DEUXIÈME PARTIE

DE LA PROPRIÉTÉ DES MINES DANS L'ANCIEN DROIT FRANÇAIS ET DANS LA LÉGISLATION INTERMÉDIAIRE

SECTION PREMIÈRE

DE LA PROPRIÉTÉ DES MINES DANS L'ANCIEN DROIT FRANÇAIS

SECTION II

DE LA PROPRIÉTÉ DES MINES DANS LA LÉGISLATION INTERMÉDIAIRE

TROISIÈME PARTIE

DE LA PROPRIÉTÉ DES MINES DANS LE DROIT FRANÇAIS ACTUEL

(Explication de la loi du 21 avril 1810).

SECTION PREMIÈRE

SYSTÈME DE LA LOI DU 21 AVRIL 1810 SUR LA PROPRIÉTÉ DES MINES

SECTION II

DU RÔLE DE LA MINE DANS LE PATRIMOINE DU CONCESSIONNAIRE

Paris — Imprimerie F. PICHON, 14, rue Cujas.